市民後見入門

■市民後見人養成・支援の手引

社会福祉士 池田惠利子
(社福)世田谷区社会福祉協議会 小渕由紀夫
筑波大学教授 上山　泰
品川成年後見センター 齋藤修一
編

発行　民事法研究会

はしがき

　本書は、「市民後見」とは何かを正面から取り上げ、その意義や役割を明確にしていくことによって、市民後見人が後見支援組織のバックアップを受けながら、成年後見制度の理念に基づく実践を確実に行うことができるようなしくみを構築するために、編まれたものです。

　現在、超高齢社会の中で「市民後見」が脚光を浴びつつあります。独居や高齢者のみの世帯が増える中で、認知症や障がいにより判断能力が不十分な人を社会的に支えるしくみとして、成年後見制度とその担い手となる市民後見人の重要さはますます大きくなり、市民後見人の養成・支援システムを作り上げていく動きは、今後、全国的に広がっていくと考えられます。

　しかし、実はこれまで、市民後見とはどのようなものかについての議論は十分にされているとはいえず、市民後見人に対する考え方や後見支援組織のあり方は、統一されたものとはいえませんでした。

　成年後見制度は、認知症高齢者や知的障がい・精神障がいをもつ人たちの権利と生活を護る、権利擁護のための制度です。その制度の担い手である市民後見人には、適切な養成課程のもとで、成年後見制度や関係する諸制度に関する知識を修得し、被後見人のために考え、行動するための倫理を備えることが求められます。

　そのような成年後見制度の概念のもとに、市民後見人についての取組みを進める際の参考としていただくために、本書では、以下のような構成・内容をとっています。

　まず、序章・第1章では、市民後見人の定義、制度の中での位置づけ、日本の社会や地域における意義・役割を明らかにしています。ここでのまとめの基盤には、各国における成年後見制度と運用についての見識、

▶はしがき

市民後見人やそのバックアップ組織のあり方に関して日本成年後見法学会が厚生労働省の補助金を受けて行った調査研究の成果等が踏まえられています。

第2章「市民後見人の養成・支援の実際」では、これから市民後見に取り組もうとしている自治体等で参考としていただくために、後見支援組織のあり方について、すでに市民後見人の養成・支援をしている6つの地域（大阪市、世田谷区、品川区、知多半島、北九州市、小樽市）を取り上げ、地域の実情に応じた養成・支援のしくみを紹介しています。市民後見人の養成・支援のしくみ、後見支援機関のあり方は、地域での実情・特性を活かしたものであり、それぞれ異なったシステムが作り上げられていることがわかります。しかし、どこの地域でも目的としているのは、「被後見人の権利擁護」です。また、市民後見人がどのような思いをもってどのように活動しているのか、その実際も紹介しています。

第3章「市民後見人の実務」では、市民後見人として実際に行う事務や、その際の注意点などについて解説しています。市民後見人として活動する際の基本となる後見人の倫理についても取り上げています。

第4章「成年後見にかかわるしくみ」では、「わかりにくい」といわれる身上監護を中心に、市民後見人として本人の権利擁護に取り組んでいく際に知っておくべきさまざまな制度についての最低限の知識・情報を紹介しています。さらに詳しく知りたい場合には、本文中に紹介している「参考資料」をご覧ください。

市民後見人を養成・支援する取組みを進めていこうという方、市民後見人として活躍しようと考えている方、その他、市民後見というしくみに関係する多くの方々に、それぞれの関心のあるテーマから読んでいただきたいと考えています。

本書は、その趣旨に鑑み、実際に市民後見の養成や活動・実務に携わ

っている方を中心に執筆していただきました。忙しい職務の中で書き上げてくださった執筆者の皆様に、編者を代表して心からの感謝を申し上げたいと思います。

　また、出版に際しては、わが国唯一の成年後見実務専門誌である「実践成年後見」の編集を手がけ、本書の意義を早くからとらえ出版を企画された民事法研究会の鈴木真介氏の熱意とご尽力に感謝申し上げます。

　最後に、本書が1人でも多くの市民や関係者に読まれ、地域の実情・特性を活かした「市民後見」のシステムが作り上げられていくことを心から期待しています。その意義が理解され実践されることにより、後見支援組織等の具現化がなされ、市民後見人によって多くの障がい者や高齢者等が支えられ、地域を支えていくことになるとしたら、本書にかかわった者として、これ以上の喜びはありません。

　平成23年8月

編者を代表して　池田　惠利子

目次

序章　市民後見の意義

1. その人らしさを支える後見支援 …………………………………… 2
2. 本人、地域社会を支える市民後見人 ……………………………… 3
3. 市民後見人をめぐる状況 …………………………………………… 4
4. 市民後見人の役割 …………………………………………………… 5

第1章　市民後見とは何か

1. 市民後見のターニング・ポイント ………………………………… 8
2. 市民後見の定義と位置づけ ………………………………………… 11
   - (1) 発展途上の市民後見 …………………………………………… 11
   - (2) 市民後見人が登場してきた背景 ……………………………… 12
   - (3) 市民後見人をめぐる従来の定義 ……………………………… 14
   - (4) 新しい定義の確立に向けた検討課題 ………………………… 15
   - (5) 市民後見人の意義と役割 ……………………………………… 19
3. 市民後見を支えるしくみ …………………………………………… 24
   - (1) 市民後見制度の基本構造 ……………………………………… 24
   - (2) 養成をめぐる課題 ……………………………………………… 24
   - (3) 就任支援の必要性 ……………………………………………… 28
   - (4) 支援・監督体制の整備 ………………………………………… 29
   - (5) 後見支援組織の形態 …………………………………………… 30
4. 市民後見の運用上の留意点 ………………………………………… 34

(1)　事案の困難化リスクへの対応 …………………………………34
　(2)　市民後見人の活動区域 ………………………………………36
　(3)　後見支援組織の機能分化 ……………………………………36
　(4)　成年後見法政策の統一化に向けて …………………………38

第2章　市民後見人の養成・支援の実際

1　大阪市における市民後見のしくみ ……………………………42
　(1)　はじめに ………………………………………………………42
　(2)　大阪市成年後見支援センターの概要 ………………………43
　(3)　市民後見人の選任事案数 ……………………………………45
　(4)　大阪市成年後見支援センターの設立の経緯 ………………45
　(5)　市民後見人の養成 ……………………………………………46
2　世田谷区における市民後見のしくみ …………………………61
　(1)　世田谷区の紹介 ………………………………………………61
　(2)　市民後見人支援組織 …………………………………………61
　(3)　市民後見人養成の背景と経緯 ………………………………62
　(4)　養成研修 ………………………………………………………63
　(5)　後見支援員 ……………………………………………………65
　(6)　後見人受任 ……………………………………………………67
　(7)　後見人としての活動 …………………………………………70
　(8)　支援と監督 ……………………………………………………70
　(9)　課題と対応 ……………………………………………………74
3　品川区における市民後見のしくみ ……………………………76
　(1)　品川区の概況と市民後見導入の経緯 ………………………76
　(2)　市民後見人の養成・実務研修・受任等の状況 ……………79
　(3)　市民後見人が受任する事案 …………………………………82

▶目 次

- (4) 市民後見人が行っている後見活動 …………………………82
- (5) 市民後見人への支援体制のあり方 …………………………84
- (6) 市民後見人に対する監督業務 …………………………………86
- (7) 直面する課題と解決に向けた方策 …………………………88
- (8) 地域を支える市民後見人 ………………………………………91
- コラム　NPO法人品川市民後見人の会の活動 …………………91

④ 知多半島における市民後見のしくみ …………………………93
- (1) 知多半島の概況 …………………………………………………93
- (2) 知多地域成年後見センター設立までの経緯 ………………94
- (3) 知多地域成年後見センターのしくみ ………………………96
- (4) 知多地域における市民後見人――法人後見を担当する生活支援員 …99
- (5) 生活支援員の養成・活動 ……………………………………100
- (6) 成年後見を地域の誰もが使えるように ……………………101

⑤ 北九州市における市民後見のしくみ ………………………102
- (1) 北九州市の基本情報 …………………………………………102
- (2) 市民後見人の養成 ……………………………………………102
- (3) 市民後見人養成研修の修了者を生かした法人後見事業への取組み　104
- (4) 法人後見事業における課題 …………………………………107
- (5) 北九州成年後見センター「みると」との連携 ……………111
- (6) 市民後見人が個人で選任されるしくみづくり ……………112

⑥ 全国で活動する市民後見人 ……………………………………112
- (1) 小樽における市民後見人の活動の実際 ……………………112
- (2) 世田谷区における市民後見人の活動の実際 ………………116
- (3) 知多地域における市民後見人の活動 ………………………120

▶目 次

第3章　市民後見人の実務

1　成年後見の基本理念と求められる倫理 ……………………126
　(1)　新しい成年後見制度 …………………………………126
　(2)　成年後見制度の理念 …………………………………127
　　コラム　民法の中のノーマライゼーション ……………129
　(3)　後見人に求められる倫理 ……………………………130
　　コラム　「困ったときはまず相談」……………………135
2　選任直後の職務 ……………………………………………137
　(1)　成年後見人の場合 ……………………………………137
　(2)　補助人・保佐人の場合 ………………………………148
3　成年後見人就任中の職務 …………………………………149
　(1)　財産管理事務 …………………………………………149
　(2)　身上監護事務 …………………………………………151
　(3)　家庭裁判所および後見監督人への報告事務 ………156
4　後見人に対する監督 ………………………………………158
　(1)　後見監督 ………………………………………………158
　(2)　後見監督人の選任の根拠等 …………………………158
　(3)　後見監督人の職務内容 ………………………………161
　(4)　市民後見人への監督事務の留意点 …………………162
5　保佐人・補助人として活動する際の注意点 ……………164
　(1)　同意権・代理権の範囲 ………………………………164
　(2)　財産目録作成義務と家庭裁判所への報告 …………165
6　辞　任 ………………………………………………………166
7　被後見人の死亡時の事務 …………………………………167
　(1)　後見人の業務としての事務 …………………………167
　(2)　後見人の業務ではなく注意が必要な事務──葬儀主宰・費用等 …169

▶目次

- 8 障がいのある人への身上監護 …………………………170
  - (1) 知的障がいのある人への身上監護 …………………170
  - コラム　知的障がいのある人にとっての「親なき後」…………173
  - (2) 精神障がいのある人への身上監護 …………………174
  - (3) 発達障がいのある人への身上監護 …………………176
  - コラム　高次脳機能障がい …………………178

第4章　成年後見にかかわるしくみ

- 1 高齢者を支援するためのしくみ …………………182
  - (1) 介護保険制度――高齢者を支えるしくみの基本 …………182
  - (2) 地域包括支援センターと居宅介護支援事業所 …………188
  - (3) 高齢者虐待防止法 …………………191
- 2 障がい者を支援するためのしくみ …………………198
  - (1) 障害者自立支援法 …………………198
  - (2) 精神保健福祉法 …………………203
  - (3) 発達障害者支援法 …………………206
  - (4) 障害者虐待防止法 …………………209
  - (5) 障がい者を支えるその他のしくみ …………………213
  - コラム　成年後見選挙権訴訟の動き …………………216
- 3 成年後見にかかわるその他のしくみ …………………218
  - (1) 日常生活自立支援事業 …………………218
  - (2) 成年後見制度利用支援事業 …………………223
- 4 本人を支援するその他のしくみ …………………225
  - (1) 生活保護 …………………225
  - (2) 消費者被害への対応 …………………230

- 事項索引 …………………………………………………………235
- 編者・執筆者一覧 ………………………………………………238

▶凡例

〈法令〉

高齢者虐待防止法	高齢者虐待の防止、高齢者の養護者に対する支援等に関する法律
障害者虐待防止法	障害者虐待の防止、障害者の養護者に対する支援等に関する法律
精神保健福祉法	精神保健及び精神障害者福祉に関する法律
任意後見契約法	任意後見契約に関する法律

〈その他〉

障がい	法律名等の固有名称を除き、「障がい」を使用します。
後見人	成年後見人、保佐人、補助人を総称して「後見人」といいます。
被後見人	成年被後見人、被保佐人、被補助人を総称して「被後見人」といいます。
後見監督人	成年後見監督人、保佐監督人、補助監督人を総称して「後見監督人」といいます。

序章

市民後見の意義

▶序章　市民後見の意義

１　その人らしさを支える後見支援

　安心して長生きできる社会であるために、今、必要とされているのが、市民後見人です。その市民後見人が安心して職務を行えるためには、後見支援組織による援助が必要です。それが、被後見人の安心・安全な生活につながります。

＊　　　　　　＊

　高齢になっても、障がいを持っていても、"個"として自分なりの生活や人生が尊重される、尊厳ある生を全うしたい。そういう「その人らしさ」を支えるのが、成年後見による支援（後見支援）です。

　昨今、「無縁社会」についての報道が注目を集めています。自らの老後を考えたとき、「子どもをあてにできない」、「頼れる家族はいない」と言う方も増えています。誰しも高齢になると、自分１人の力で情報を集め的確に判断していくことについて自信を持てなくなり、誤った行動をしてしまうことを恐れるようになります。また、障がいのある人が自立した生活を送ろうとするときには、障がい特性ゆえの困難に直面することもあります。

　こうした場面で、高齢者や障がい者の立場にしっかりと立ち、介護サービスや福祉サービスなど生活に必要な契約（法律行為）を結び、それらのサービスが確実に行われているかをチェックし、支払いをする。在宅での暮らしが難しくなってきたときには施設に移るべきか、その場合にどういった施設が適切で、どこなら入所できるのかといったさまざまな事柄について、高齢者や障がい者自身の意向を確かめつつ、本人の財布と預金通帳を見ながら関係者と相談し、決定し、手続を行い、支払いをする。このような後見支援があってこそ、社会の中で、自分らしい生活、「その人らしさ」を持続することが、はじめて可能になります。そ

して、今、そのような「顔の見える後見活動」のできる市民後見人が求められているのです。

2　本人、地域社会を支える市民後見人

　本人の意思を尊重した的確な後見活動ができるかどうかは、資格の有無によるわけではありません。専門的な資格を持たない市民であっても、しっかりとした後見支援組織で適切な研修を受けて、後見人としての倫理を学び、必要な知識や考え方を修得し、支援組織や専門職等のバックアップを受けながら、家庭裁判所等との調整もしてもらえるような体制があれば、第三者後見人として活動することは十分に可能です。実際、公的関与のある組織によって養成され、家庭裁判所に選任されて、後見支援組織による援助を受けながら活動している市民後見人も出てきています。今、地域の中で、市民が市民を支え、安心できる社会をつくっていくことができるような体制がとられつつあるのです。

　市民後見人による支援は、親族間のトラブルなどといった重大な紛争を抱えているわけではないけれど、判断能力が不十分なゆえに支援を必要としている人に対し、身上監護を中心として、本人に寄り添い、丁寧な見守りが求められる場合等において、高齢者や障がい者の「最善の利益を追求する」ために必要なものです。これは、本人の身近にいる市民だからこそできることです。市民後見人が中心となって、その地域の人たちを、本人を支援する輪の中に取り込み、本人を支援しながら、同時にその地域をもしっかりと支える。市民後見人は、地域の支え合いのキーパーソンとして位置づけることができるのです。

　これまで、家族の支援に依存してきた日本の福祉行政・自治体にもこのような姿が見えない中で、独居の認知症高齢者や障がいを抱える人の中には、周囲にいる人たちによって人生を決められたり、自分の資産を

▶序章　市民後見の意義

活かすことができない方も多かったのではないでしょうか。

　自らの人生を、最後まで、自らの望むように生きる。そのために、自分の資産を有効に活用する。それを社会的に支えるのが成年後見制度であり、「自己決定の尊重・ノーマライゼーション」等、その理念の具体化のために、市民後見人のきめ細やかな支援が求められています。

3　市民後見人をめぐる状況

　認知症高齢者は、推計で、平成37年には323万人を超えるといわれています。一方で、成年後見関係事件の申立件数も年々増加し、平成22年には3万件を超えました。そのうち市町村長申立ての件数も全体の1割を超えています。また、後見人として適当な親族がいないなどの理由により親族以外の第三者が後見人を受任する割合は、すでに全体の4割を超えています（図表序―1）。

　このような成年後見ニーズの増加に対応するため、今後の第三者後見人の担い手として市民後見人に期待が寄せられているのです。

　先進的な自治体では、社会福祉協議会等に設置された成年後見センターが、公的な後見支援組織として市民後見人を養成し、後見支援の担い手として活躍しています。

〔図表序―1〕第三者後見人が受任する割合と職種の内訳

親族以外の 第三者後見人の受任割合		専門職等の受任件数			（単位：件）
		弁護士	司法書士	社会福祉士	法人
平成18年度	約17%	1,619	1,965	903	377
平成19年度	約28%	1,809	2,477	1,257	417
平成20年※	約32%	2,265	2,837	1,639	487
平成21年※	約37%	2,358	3,517	2,078	682
平成22年※	約41%	2,918	4,460	2,553	961

最高裁判所事務総局家庭局「成年後見関係事件の概況」より。平成20年以降（※）は、1月1日～12月31日のもの。

また、国も、市民後見人の養成やバックアップ機関の設置等を後押しする施策を進めています。具体的には、平成23年6月15日、「介護サービスの基盤強化のための介護保険法等の一部を改正する法律」が成立しましたが、この中で、認知症対策の推進として、「市民後見人の育成及び活用」が位置づけられています（第1章参照）。

4　市民後見人の役割

　市民後見人は、低所得者向けの後見人、報酬が少なくて済む「安上がり」な後見人などと言われることがあります。しかし、市民後見人は、決してそれだけのものではありません。また、専門職が足りないから必要だというものでもありません。

　先に述べたように、市民が後見人を担うことは、本人に対してきめ細やかな支援を実現するだけでなく、地域の安心の担い手となることを意味します。そして、そのためには、本人と市民後見人を支えるための後見支援組織（法人）が必要です（この後見支援組織の必要性については、時々、「法人後見受任組織が必要だ」と、少し違った趣旨で理解されていることがあります。法人後見受任組織も必要ですが、ここでは、あくまで被後見人・市民後見人を支える公的な支援組織が必要だと言っていることに注意してください）。

　まずは、後見人の資質や適性を問い、「どのような後見人が本人のために必要で最適なのか」という権利擁護の視点で議論をすべきです。顔の見える、究極の対人支援である後見支援を大切にするためには、権利擁護を基本において「市民後見人」を養成し、地方自治体を巻き込み、本人も市民後見人も安心できる「後見支援組織」によるバックアップ体制を築くことが求められているのです。

　欧米諸国でも、国によって状況は異なりますが、市民後見人と同じよ

▶序章　市民後見の意義

うに市民が後見支援を担うしくみが導入されており、その市民後見人を支える組織も位置づけられ、専門職後見人の位置づけも含め、それぞれについて機能分化がされています（図表序－2）。

　わが国でも、市民後見人を活用し、よりよい後見支援のあり方を追求し、「その人らしさ」を地域でしっかりと支えることができるようにしていきたいものです。そして、そのことが、高齢や障がいという特性を持った人を社会で支えることのできる「後見の社会化」につながっていくのだと思います。また、このような体制を整備していくことは、自治体にとってもメリットのあることなのです。

〔図表序－2〕第三者後見人の機能分化を考えるための整理

属性条件	市民後見人	専門職後見人	法人後見人
対象者の資力	問わない	ある	問わない
親族との関係	親族がいない（市町村長申立て）または親族を頼れない	問題がある場合の市町村長申立て（虐待等）	親族・他者との確執、対立、虐待等で困難を抱えている
財産管理	簡易	身上監護・財産管理に専門的な対応が必要（不動産の管理・処分、精神医療への対応等）	困難（自傷他害のおそれがある、虐待等の予測があり後見業務遂行に困難が予測される等）
身上監護	困難ではないが手間をかけたい		
備考	潜在的ニーズは高いが、これまで申立てにつながりにくかった独居認知症高齢者等への支援には市民後見が必要である。	困難性が高い場合、低所得であっても、成年後見制度利用支援事業を利用することで専門職による支援を可能にすることが必要である。	将来的には公的後見（人または組織）が担うべきである。そうでないと、資力がなく困難性が高い事案について受任者が確保できないおそれがある。第三者後見のセーフティネットとして公的後見の存在が重要となる。

（序章　社会福祉士　池田　惠利子）

第1章

市民後見とは何か

▶第1章　市民後見とは何か

1　市民後見のターニング・ポイント

　今年（平成23年）は、わが国の市民後見制度にとって、とても重要なターニング・ポイントになりました。というのも、国全体という視点からみたとき、「市民後見元年」とも呼べるような、大きな2つの政策決定があったからです。
　1つは、「介護サービスの基盤強化のための介護保険法等の一部を改正する法律」の成立によって、市町村と都道府県に対して成年後見制度の運用基盤の整備を求める老人福祉法32条の2という規定が新設されたことです（平成24年4月1日施行予定）。この規定によって、市町村は、適正な後見人候補者を育成して、その活用を図るために、①「研修の実施」、②「適正な成年後見人候補者の家庭裁判所への推薦」、③「その他の必要な措置」を講じる努力義務を負うことになりました（さらに、都道府県にも、こうした市町村の措置をバックアップする努力義務が課されました）。注目すべきは、老人福祉法を所管する厚生労働省が、③の具体例として、「研修を修了した者を登録する名簿の作成」に加えて、「市町村が推薦した後見人等を支援すること」をあげている点です（厚生労働省ウェブサイト〈http://www.mhlw.go.jp/topics/kaigo/shiminkouken.html〉）。ここには、市町村が、適切な研修を通じて、市民後見人候補者を養成するところからスタートして、適任の研修修了者の成年後見人としての就任支援を行い、さらには、就任した市民後見人の活動支援までバックアップしていくという、継続した支援スキーム（図表1－1）を見て取ることができます（介護と連動する市民後見研究会「市町村長の後見申立と市民後見人〜後見実施機関の創設〜報告書」参照）。詳細は後述しますが、市民後見の適正な運用を保障していくためには、行政（基礎自治体）と司法（家庭裁判所）が地域の民間団体（社会福祉協議会、NPO法

人等の後見支援組織や、専門職後見人団体）等と密接に連携しながら、①養成、②就任支援、③活動支援（＋継続研修）という一貫した支援体制を構築していくことが必要になります。老人福祉法32条の2がめざしている先のスキームは、まさにこの理想の支援体制の萌芽となる可能性を秘めているといえるでしょう。

　もう1つは、厚生労働省による「市民後見推進事業」のスタートです。初年度の今年（平成23年）は、北海道釧路市、青森県八戸市、東京都墨田区、愛知県豊川市、大阪府大阪市、島根県松江市、福岡県筑紫野市など、26都道府県の総計37市区町で実施されます。この事業の目的は、「認知症の人の福祉を増進する観点から、市町村において市民後見人を確保できる体制を整備・強化し、地域における市民後見人の活動を推進する事業であって、全国的な波及効果が見込まれる取組を支援する」（厚生労働省「市民後見推進事業実施要綱」）ことにあるとされていますが、これは、文字どおり、先ほどの老人福祉法32条の2に基づくスキームを実現するための具体的な施策の1つと評価できるでしょう。

〔図表1-1〕市民後見人を活用した取組例のイメージ

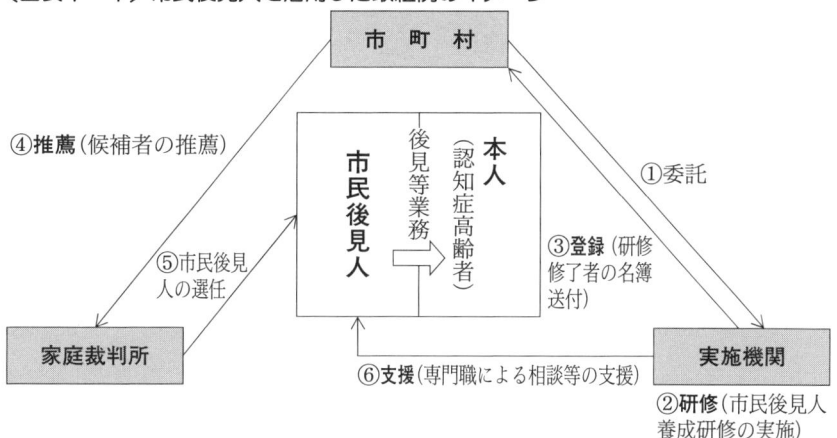

出典：厚生労働省ウェブサイト〈http://www.mhlw.go.jp/topics/kaigo/dl/tkusei_katsuyou.pdf〉

その事業内容としては、①「市民後見人養成のための研修の実施」、②「市民後見人の活動を安定的に実施するための組織体制の構築」、③「市民後見人の適正な活動のための支援」、④「その他、市民後見人の活動の推進に関する事業」があげられています。ここでも注目すべきは、③です。市民後見推進事業実施要綱は、その具体例として、「弁護士、司法書士、社会福祉士等の専門職により、市民後見人が困難事例等に円滑に対応できるための支援体制の構築」と「市民後見人養成研修修了者の後見人候補者名簿への登録から、家庭裁判所への後見人候補者の推薦のための枠組の構築」を示しています。前者は活動支援の、後者は就任支援の具体化であり、先述のように、適正な市民後見の運用にあたっては、絶対に欠かせない要素だといえるからです。

本書の実践例（第2章参照）が示すように、実は、すでにいくつかの先進的な基礎自治体は、こうした市民後見の適正な運用スキームを独自に作り上げて、市民後見人の積極的な活用に取り組んできています。しかし、他方において、肝心の就任支援や活動支援の体制作りを放置したまま、ただおざなりな市民後見人養成研修を行っているだけの地域や、そもそも市民後見に対する取組みが全く存在しない地域が大多数を占めているのが、残念ながらわが国の現状なのです。私は、成年後見制度（とりわけ法定後見制度）を単なる民法上の財産管理制度にとどまるものではなく、判断能力不十分者の地域生活を支える社会福祉における基礎インフラの1つでもあると考えています（上山泰『専門職後見人と身上監護〔第2版〕』（民事法研究会、2010年）12頁～30頁）。このように、成年後見制度の社会保障的な側面を認めた場合、制度の運用基盤に関するナショナル・ミニマムを確立し、現存する極端な地域間格差（基礎自治体間の成年後見利用に対する温度差）を是正していくことが求められるようになるでしょう。そして、このためには、国が明確な運用スキームの理念

型を提示して、必要な予算措置を講じていくことが必要です。今回の国レベルでの2つの政策実施は、この意味で、わが国における市民後見制度確立に向けた重要な一歩になるものといえます。本章の冒頭で、今年を「市民後見元年」と呼んだのはこうしたわけなのです。

2 市民後見の定義と位置づけ

(1) 発展途上の市民後見

　平成12年4月に現在の成年後見制度がスタートして、すでに10年以上が過ぎたわけですが、国全体のレベルで、市民後見の基盤作りへと踏み出したのは、今みてきたように、ようやく今年になってからの話です。たしかに、本書が紹介するいくつかの先進地域では、すでに市民後見人が実際に選任されて、活躍しており、着実に実績を積み上げてきています。しかし、その一方で、各地域の多様な実践例が逆に示すように、市民後見や市民後見人について、実はまだ明確な定義が確立しているわけではありません。市民後見はまさに発展途上の概念なのです。私たちは、先進地域のよき実践例や、厚生労働省が提示したスキーム、さらには諸外国の具体例などを素材として、わが国の市民後見のコアとなる理念型を磨き上げていく必要があります。もちろん、本書の目的の1つもここにあります。

　さて、市民後見人について考えていく場合、まず確認しておかなければならないことがあります。それは、成年後見制度の基盤がある民法と任意後見契約法は、そもそも後見人に対して、一定の欠格事由（民法847条等）を除けば、特別な資格を何も要求していないということです。一般に、後見人の分類の1つとして、親族後見人（家族後見人）、専門職後見人、市民後見人といった区分がされていますが（上山・前掲書53頁～60頁参照）、これはあくまでも講学上あるいは実務上の分類であって、

▶第1章 市民後見とは何か

法律が予定しているものではありません。このため、その職務範囲や法的責任について、各種の後見人類型の間で原則的に違いはないのです。市民後見人といえども、基本的には、専門職後見人と変わらない職責を負うわけです。そして、だからこそ、市民後見人の活動をバックアップする組織的な支援体制を構築することが、市民後見の適正な運用のための絶対的な必要条件になるのです。

(2) 市民後見人が登場してきた背景

このように、市民後見人というカテゴリーは、もともと法が予定していたものではありません。それでは、本書が紹介するような先進的な実践例は、いったいどのような社会的ニーズから産み出されてきたのでしょうか。

まず大前提となるのが、平成12年の現行制度導入に伴う「成年後見の社会化」の進展です（「成年後見の社会化」の詳細については、上山・前掲書12頁～30頁参照）。現行制度は、かつての家族頼みの後見制度を脱却して、法人後見人を含む第三者後見人を正面から導入する基盤を準備しました。たとえば、民法旧840条の配偶者法定後見人制度の廃止はこの典型です。旧法では、夫婦の一方が禁治産宣告を受けた場合、夫婦の残る一方が自動的に後見人になるというしくみでした。しかし、夫婦は年齢が近いケースが多いので、本人が高齢者の場合、その連れ合いも高齢のために心身が弱っていたりして、後見人の職務を全うするのが難しいことも珍しくありません。そこで現行制度は、こうしたしくみを廃止して、家族外の第三者も視野に入れたうえで、家庭裁判所がベストの後見人を選べるようにしたわけです。この法改正後、わが国における第三者後見人の選任率は、おそらくは立法担当官も予測していなかったほどの驚くべきスピードで伸張し、現在では全体の約4割を第三者後見人が占める状況に至っています（最高裁判所事務総局家庭局「成年後見関係事件の概

況──平成22年1月〜12月──」によると、直近の平成22年に後見人として選任された中で、親族後見人が約58.6％、第三者後見人が約41.4％となっています）。他方、そもそもの法定後見の利用件数自体も大きく増加してきています。たとえば、旧制度最後の平成11年度における禁治産宣告（現在の後見開始審判に相当）の申立件数はわずか2963件にすぎなかったのに対して、直近の平成22年の後見開始申立件数は3万79件と、10倍以上に達しています。社会全体の第三者後見人に対する需要はこの10年の間に著しく増大したわけです。

　ところが、わが国の場合、親族以外の第三者が後見支援を行うという現象は、現行成年後見制度の導入によって、初めて本格的に生じたものといえます（厳密にいえば、旧制度上でも第三者の選任が禁止されていたわけでなく、弁護士等の選任例もわずか4％程度ですがありました）。このため、現在に至るまで、第三者後見人の供給母体は、社会的にみて極めて脆弱なものにすぎませんでした。こうした中で、これまでわが国で主要な第三者後見人の供給母体となってきたのが、専門職後見人です。特に、弁護士会、司法書士会（公益社団法人成年後見センター・リーガルサポート）、社会福祉士会（社団法人日本社会福祉士会権利擁護センターぱあとなあ）のいわゆる三士会が、これまでのわが国の第三者後見の中核を担ってきたといえます。しかし、いうまでもなく、専門職後見人候補者の数には限りがあります。近時、税理士会や社会保険労務士会なども専門職後見人の養成に本格的に乗り出すといった報道もされていますが（日本経済新聞平成23年6月25日）、いわゆる後見爆発（わが国の法定後見に対するニーズが施設入所者の集団申立てなどを通じて一気に顕在化し、法定後見の利用件数が爆発的な勢いで急増する現象。平成18年度の成年後見類型の急増にはその兆候がみられます）が現実化した場合を考えると、ニーズに十分見合うだけの専門職後見人の供給を確保できるかについては、やはり

▶第 I 章　市民後見とは何か

不安が残るところです。市民後見人は、こうした専門職後見人の供給限界問題を背景として、特に近年、大きな注目を浴びるようになったのです（大貫正男「市民後見人を考える」実践成年後見18号（2006年）61頁～70頁）。

(3) 市民後見人をめぐる従来の定義

　しかし、繰り返しになりますが、市民後見や市民後見人といった概念は、もともと法律で明確に定義されたものではありませんので、市民後見にかかわっている関係者の間でも、その内容についてはっきりとした合意がないのが現状です。このため、基礎自治体を含めて、現在各地でさまざまな主催団体が実施している市民後見人の養成や運用方法も、必ずしも統一されているわけではありません。市民後見人の活用方法や活用場面、市民後見人の養成・支援・監督の方法、報酬付与の是非等、市民後見システムの有効かつ適正な運用をめぐって検討すべき課題は、まだまだ山積みだといえます。あえて誤解を怖れずにいえば、関係者のイメージが曖昧なまま、あちこちの地域で、「市民後見人なるもの」の養成が進んできてしまっていたのが、少なくともこれまでの現実なのです。

　そこで、私たちは、今あらためて、適正な市民後見と市民後見人概念を確立して、関係者間でその具体的なイメージを共有していかなければなりません。まずは、そのための第一歩として、市民後見人をめぐる従来の定義を振り返ってみましょう。

　これまで市民後見人については、「自治体、NPO法人等が研修等を通じて養成した一般市民による成年後見人等（候補者）」であり、「単なるボランティアや臨時的なものではなく、研修等により後見活動に必要な法律・福祉の知識や実務対応能力を備え、成年被後見人等の権利を擁護するために継続的に活動を行う者」（新井誠「第三者後見人養成の意義」実践成年後見18号（2006年）6頁）であるとか、「弁護士や司法書士など

の資格はもたないものの社会貢献への意欲や倫理観が高い一般市民（であり）、成年後見に関する一定の知識や技術・態度を身に付けた良質の第三者後見人等の候補者」（日本成年後見法学会・市町村における権利擁護機能のあり方に関する研究会「平成18年度報告書」（2007年）11頁）といった定義付けが試みられてきました。

　ここには、①専門職後見人の除外、②後見職務に対する一定の資質の具備という、2つの要素が含まれています。そして、後者を担保するために、③組織的な養成体制（養成研修等）、④組織的な支援体制（活動支援、継続研修等）、⑤組織的な監督体制の整備が必要であると、一般に主張されています。おそらく、こうした要素については、市民後見人を真剣に論じている関係者の間で、ほぼ異論なく共有されているといえるでしょう。この点、先述した厚生労働省のスキームが、単なる養成（③）のみならず、その後の就任支援と活動支援（④⑤）までを視野に収めていることは、高く評価できます。

　しかし他方で、⑥家族後見人との関係性や、⑦報酬請求の是非等については意見が分かれています。特に、後者については、本書で紹介する先進的な取組みでも対応が分かれており、関係者間での意見調整が難しいところです。

　また、養成・支援・監督等の具体的な方法やその体制作りについても、問題によっては立法等による環境整備を視野に入れる必要もあり、現状では、必ずしも明確な理念型が確立しているわけではありません。特に監督については、後述するように、現行法上の法的制約に加えて、マンパワー問題による家庭裁判所の監督機能低下という事実的な制約もあるので、最終的には、ある程度、立法論にまで踏み込んだ議論が必要になるかもしれません。

(4)　新しい定義の確立に向けた検討課題

さて、それでは、従来の定義についての検討を踏まえつつ、新しい定義の確立のために検討しておくべき論点を具体的に取り上げていきましょう。

(A) **親族後見人との関係性**

親族後見人を市民後見人に含めて理解すべきかについては議論があります。既述のように、現行法は、一定の欠格事由（民法847条等）を除けば、後見人に関する特別な資格制限をしているわけではありませんから、これは分類上の問題にすぎないともいえそうです。しかし、多くの論者が主張する、職務適性担保のための市民後見人への研修義務づけ等を考慮するならば、さしあたり親族後見人を市民後見人の枠から外し、市民後見人については、専門職後見人と同様に第三者後見人の一類型として位置づけておくほうがよいでしょう。というのも、本書で紹介するような先進地域で実施されている研修プログラムと同水準の負担を親族後見人に課すことは、いささか現実的とはいいがたいからです。

もっとも、親族後見人への支援の充実は、ある意味では市民後見システムの確立以上に深刻な政策課題であるといえますから、市民後見人向けの養成研修を受講する機会を親族後見人にも開放することや、市民後見人に対する支援・監督システムの対象を親族後見人へと拡張していくことは、非常に好ましい試みだというべきでしょう。

(B) **報酬請求の是非**

現行法上、法定後見の報酬に関する取扱いは、原則的に、家庭裁判所の完全な裁量に委ねられています。したがって、市民後見人であれ、あるいは親族後見人であれ、報酬付与の申立てを行うこと自体は、民法上は全く自由です（民法862条）。しかし、東京の世田谷区成年後見支援センターや品川成年後見センターのように、市民後見人の報酬請求を容認するケース（有償型市民後見人）がある一方で、大阪市成年後見支援セ

ンターのように、市民後見を無償のボランティア市民活動と位置づけ、報酬付与の申立てを内部的な規約で排除しているケース（無償型市民後見人）もあり、本書が示す先進例の中でも、実務の対応が分かれています。

　おそらく、報酬を認める最大のメリットは、市民後見人への就任とその職務継続に対するインセンティブの調達にあるでしょう。しかし、他方において、こうした経済的動機付けの側面を強調しすぎると、市民後見の美点の1つでもある地域社会におけるボランタリーな利他的支え合いという理念が損なわれるおそれも否定できません。もちろん、専門職後見とは異なり、市民後見の場合、報酬付与による動機付けの核心は単なる経済的利益（後見活動に対する経済的対価性）にではなく、裁判所による報酬付与を通じた自らの後見活動に対する社会的承認（評価）の獲得にあるといえますので、報酬額の多寡は、必ずしも決定的なものではないでしょう。とはいえ、報酬付与の有無や報酬額算定基準が全く不透明な現行の後見報酬システムの下では、類似の事案間で報酬額のバラツキが生じる可能性が高く、不公平感を生み出すリスクもあります。こうした報酬面に関する不満がつのれば、報酬付与によるインセンティブは相殺され、むしろ報酬付与が適正な後見活動を阻害する逆効果すら生み出しかねません。また、有償型市民後見人の実践例では、市民後見活動は営利事業ではなく、地域における社会貢献活動であるという理念に基づいて、報酬額について、専門職後見人よりも低額にとどめることを想定しています。これは、市民後見人の活用領域について、報酬拠出の関係から、専門職後見人の利用が難しい低資力者の支援に焦点をあてていることとも関連しており、妥当な政策的配慮だといえます。ところが、先述のように報酬額の決定が家庭裁判所の専権事項であるため、実際には、専門職後見人並みの報酬や、想定外の高額報酬が認められてしまっ

▶第1章 市民後見とは何か

たケースなどもあるようです。

　こうしてみると、市民後見人の報酬問題を最終的に解決する前提として、まずは、そもそも法定後見一般の報酬体系を整備すること（報酬付与・報酬額に関する決定基準の透明化と低所得者層への公的支援制度の拡充）が先決だというべきでしょう（後見報酬問題の詳細については、上山・前掲書283頁～291頁）。この点について、平成23年3月に、東京家庭裁判所・同立川支部から「成年後見人等の報酬額のめやす」が公表されました（http://www.courts.go.jp/tokyo-f/saiban/tetuzuki/koken/pdf/koken_qa/a13.pdf）。これによって、今まで厚いヴェールに覆われていた報酬算定基準の一端が明らかにされたことは、ひとまず高く評価するべきでしょう。ただし、その内容については、必ずしも後見実務の実情を反映したものになっていないので、家庭裁判所を含めた関係者の努力によって、より適正な目安へと練り上げていく必要があるといえます。たとえば、この基準は財産管理、それも額面上の形式的な資産額に偏重しており、現実には最も労力を要する身上監護面（定期的な見守り支援等）がほとんど評価されていません。また、専門職後見人の過去の実例を踏まえた算定基準であるとしつつ、親族後見人の報酬付与もこの基準に準じて行うという方針が示されています。したがって、市民後見人についても同一の基準が原則になる可能性があるわけです。先述のように、専門職後見人、親族後見人、市民後見人という分類は、民法上のものではないので、たしかに形式論からすれば、報酬算定にあたって、これらを当然に区分することのほうが、むしろ根拠を欠くということになります。しかし、専門職後見人と市民後見人の報酬水準を同列におくことは、有償型市民後見人の理念や制度設計に明らかにそぐわないでしょう。このように、市民後見人の報酬問題については、市民後見制度の枠内だけで解決できる話ではなく、やはり専門職後見人や親族後見人も視野に収め

たうえで、わが国の法定後見報酬全体の問題として、体系的な整備を行っていくべきだと思われます。その際には、低所得者の利用支援を目的とした公的な報酬助成制度の拡充（生活保護における後見扶助の創設や、現行の成年後見制度利用支援事業の拡充等）も、あわせて議論していくべきでしょう。

(5) 市民後見人の意義と役割

こうした検討に基づいて、本章では、市民後見人の暫定的な定義として、「本人の家族以外の第三者であり、地域における公益活動（社会貢献活動）として、無報酬もしくはごく低額の報酬を前提として、後見人に就任した自然人または法人、あるいは、地域の後見支援組織に所属する後見支援員」としておきます。

なお、後述するように、法人後見型（社会福祉協議会やNPO法人等の後見支援組織が後見人としての選任を受けたうえで、これらの団体に帰属する市民が後見支援員として、具体的な後見職務を担当する方式）における後見支援員については、厳密な意味では法律上の後見人ではありませんが、本章では広義の市民後見人の範疇に含まれるものとしておきます。

それでは、この暫定的な定義を出発点にして、市民後見の独自の社会的な意義について、もう少し踏み込んで考えていきましょう。

(A) 市民後見の対象とするべき事案

親族後見人や専門職後見人などの特性との比較を踏まえながら、市民後見人を活用するべき対象事案を絞り込んでいく作業は、市民後見の適正かつ有効な運用にとって、非常に重要な課題といえます。この点について、従来の議論では、市民後見に親和的な事案のファクターとして、①施設入所、②低資産・低所得、③利用者の障がいの軽微性、④後見職務の非専門性・定型性、⑤紛争性の不存在、⑥適任の親族後見人候補者の不在といった要素があげられています。

▶第1章　市民後見とは何か

　まず利用者の生活拠点について、施設入所者の場合、「基本的な日常生活上の支援は施設により一元化されており、また金銭管理も後見人等から施設に委任することも可能であるので、通常の後見人等の職務としては、定期的な訪問による見守り、施設ケアのチェック等が中心」であり、「時間に余裕があり、必要に応じて頻回の訪問も可能である市民後見人のほうが、本業を持つ専門職よりふさわしいといえるかもしれない」と指摘されています。他方、在宅生活者の場合は、「軽度の認知症・知的障害者であって、財産は高額でなく日常の金銭管理が中心で、身上監護に困難性がない事例」、たとえば「近隣との関係が友好で介護等の支援チームが既に編成されている場合」が親和的であるとして、他のファクターによる、さらなる絞り込みが必要なことが示唆されています（日本成年後見法学会・前掲「平成18年度報告書」11頁・13頁・58頁）。この視点はおおむね妥当だと感じますが、あくまでも入所施設の信頼性が大前提になることが重要です。逆にいえば、虐待や管理の失当が疑われるような施設には全く当てはまらないということです。また、小遣い銭レベルの金銭管理に関する施設への復委任は、事務処理の効率性などからみて、実務上やむを得ない対応であるとは思いますが、入所施設による入所者の金銭管理が本質的には利益相反性を持つものであることを考えれば、市民後見人による適切な監督が必須条件であることも、あわせて強調しておくべきでしょう。

　職務内容との関連では、主に財産管理の視点から管理財産が比較的少額にとどまること、主に身上監護の視点から利用者の障がいが比較的軽度であること（特に利用者─支援者間の信頼関係構築の基礎となるコミュニケーション面での困難性が少ないこと）が、また、事案の特性として紛争性がないこと等があげられています。この背景には、市民後見人に対しては、職務遂行が比較的容易な事案を割り振るべきであるという政策的

な配慮があります。専門職後見人や法人後見人との役割分担という視点も踏まえて、職務遂行について、一定の専門性が必要な事案については当該領域の専門職後見人に、個人単独では支援の困難な事案については法人後見人にそれぞれ委ね、市民後見人は主として特別な専門的スキルの不要な事案で活用するというわけです。一言でいえば、「見守りと日常的な金銭管理を中心とした利用者の日常生活支援」が、市民後見人の主たる活動領域としてイメージされているといってよいでしょう。

こうした議論の方向性は、私も基本的には適切であると考えていますので、市民後見の制度設計にあたっての最初の出発点としてよいと考えています。ただし、他方で、市民後見人の役割イメージをあまりに固定化したり、その活動場面を限定しすぎたりすることなく、その活用に一定の柔軟性を認めていくことも必要でしょう。市民後見人を難易度の低い事案中心に活用しようとする発想の裏には、①市民後見人のリクルートの円滑化と、②市民後見人の非専門性という2つの動機があります。しかし、前者についていえば、ある程度チャレンジングな職務のほうが市民後見人就任のモチベーションを高める場合もありえるでしょう。また、後者についていえば、少なくとも現状におけるわが国の専門職後見人の「専門性」というのは、基本的には各資格職の専門性（法律、福祉、税務経理等）にとどまっており、必ずしも後見職務全体に対する専門性を保証しているわけではありません。こうした成年後見職務の一部に関する「個別的専門性」ということであれば、専門職後見人と同水準の市民後見人も十分に存在するでしょう。というのも、退職後の社会貢献活動として市民後見人を志す人々の中には、専門資格者や退職前の仕事で高度の専門性を発揮していた人たちが、かなり含まれているからです。したがって、市民後見人の個性次第では、本人の専門性を生かした市民後見活動を実現できる可能性も十分にあることにも留意しておくべきで

しょう。

(B) 市民後見人の積極的意義

　一般に市民後見人は、既存資源（親族後見人、専門職後見人、法人後見人）の不足を補うための、いわば消去法的な補充手段としてとらえられがちです。そして、そこでは、生活保護受給者等を含む低所得者層の利用増加と専門職後見人の供給限界問題を背景として、「安価な第三者後見人の供給母体」としての側面が、裁判所や一部の行政関係者の目線から、特に強調されてきた印象があります。たしかに、制度の運用コスト削減という要素も市民後見人活用のメリットの１つです。しかし、この面の強調が、本来、国や地方自治体の担うべき公的後見（判断能力不十分者の地域生活におけるセーフティー・ネットとしての成年後見制度。序章参照）の整備に関する議論をうやむやにしてしまうおそれがあることにも留意すべきです。わが国では、これまでもプロボノ型専門職後見（専門職本来の営利事業としてではなく、無報酬もしくはごく低報酬の公益活動として実施されている専門職後見。ただし、公的な後見利用に関する経済支援が貧弱なため、現実には、こうしたプロボノ型が専門職に強制されているという色彩が強い）や法人後見が、事実上、諸外国における公的後見制度の代替物として機能させられてきた経緯がありますが、市民後見人を、またもや安易に安価な公的後見の代用物へと矮小化してしまうべきではありません。この点からみて、今回の国レベルでの市民後見政策の方向性が、努力義務の形式とはいえ、市民後見の運用に関する行政の役割を明確に打ち出したことは高く評価できます。

　さて、私たちが、単なる消去法的な選択という発想を超えて、市民後見の積極的な意義を見出そうという態度で、先進地域での市民後見人の活動実績を見返してみると、実は単純な経済的メリットとは異なる、市民後見人固有の意義が浮かんでくるのです。その１つが、手厚い見守り

の実行可能性です。一般に市民後見人は、利用者の生活圏域周辺で生活（居住または勤務）する者であることが想定されています。また、市民後見人候補者の多くが、定年退職等をきっかけに、第二の人生の質的充実をめざす人々であることから、専門職後見人と比べると、活動時間にある程度余裕のあることが多いといわれています。こうした利点（支援者と利用者の生活圏域の近接性と、支援者の時間的余裕）をうまく活用すれば、後見活動の基盤である見守りについて、より充実した支援（必要に応じた頻繁な訪問等を通じた、きめ細かな「顔の見える後見」活動）が期待できるでしょう。もちろん、この点は、度を超した頻回な接触による過干渉のリスクとも裏腹であるので、留意も必要ですが、孤立した生活を送りがちな判断能力不十分者に対して、社会参加（他者とのより広いコミュニケーションの可能性）への窓口を開くという意味でも重要な価値があるといえます。また、利用者と支援者の生活圏域の近接性は、後見活動にあたっての両者の利便性に資することはもとより、支援に関する時間的・経済的コスト（特に移動コスト）の削減にもつながります。

　また、市民後見人としての活動が支援者側の喜びや生き甲斐につながっているという指摘も見逃せません（田邊仁重「市民後見人選任の現場から――世田谷区区民成年後見人の活動について――」実践成年後見24号（2008年）80頁）。もちろん、後見活動の本旨は、あくまでも「被後見人のために」行われるものであって、後見人自身の利害が前面に押し出されることは、決してあってはならないことです。しかし、市民後見人を持続的にリクルートしていくうえで、インセンティブの調達は最大の課題ですから、後見報酬という経済的インセンティブにあまり多くを望めない市民後見の場合、後見活動それ自体に伴う満足感や充実感が市民後見人就任へのモチベーションになるとすれば、そこには極めて重大な意義があるといえます。

さらに、マクロな視点からみて、本章のように、市民後見を地域福祉（地域権利擁護）活動の一環としてとらえるならば、後見の領域を越えた波及効果として、当該地域の市民一般における認知症や障がい等への理解や、権利擁護のしくみへの理解の深化に対する寄与も指摘できるでしょう。すなわち、市民後見の進展が地域福祉推進の大きな一助となるわけです（日本成年後見法学会・前掲「平成18年度報告書」14頁）。

3　市民後見を支えるしくみ

(1)　市民後見制度の基本構造

先述したように、市民後見を適正に運用していくためには、行政（基礎自治体）と司法（家庭裁判所）が地域の民間団体（社会福祉協議会・NPO法人等の後見支援組織や専門職後見人団体）等と密接に連携しながら、①養成、②就任支援、③活動支援（＋継続研修）という各ステップについて、一貫した支援体制を構築していかなければなりません。そして、そのためには、こうした機能を実際に担う地域の中核組織が必要になります（④中核組織の確立）。また、市民後見を社会保障的な性格を持った制度として構築する場合には、制度の運用基盤に関するナショナル・ミニマムを確立して、極端な地域間格差を生じさせないようにすることが大切です。このためには、必要な予算措置の裏付けも含めて、行政が積極的に関与できるしくみを作り上げなければなりません（⑤行政の役割の明確化）。もし、これが実現すれば、日本型の公的後見制度の重要な一翼となるでしょう。以下では、こうしたしくみ作りのポイントについて、もう少し具体的に考えていきます。

(2)　養成をめぐる課題

(A)　適正な養成研修プログラムの確立

市民後見人の質を担保するためには、適正かつ実効的な養成研修プロ

グラムを確立したうえで、こうした研修の受講を選任の前提条件とすべきであると、一般に考えられています。実際、本書（第2章）が紹介するように、市民後見人の選任が進んでいる先進地域では、地域の後見支援組織が、行政の支援も受けながら、それぞれに工夫を凝らしたプログラムを策定し、そのさらなる改善に努めています。もちろん、現実の後見事案はまさに千差万別ですから、職務遂行上必要な知識を研修プログラムの中にすべて網羅することは不可能です。したがって、研修プログラムの力点は、①「自己決定の尊重」等の制度の基本理念を正確に理解すること、②身上配慮義務、本人意思尊重義務等の民法上の職務遂行指針に基づいて、具体的な場面における職務内容を自ら考えて決定できる訓練を行うこと（理念を手がかりとした「考え方」を学ぶこと）、③後見人による自己の価値観の押しつけを防止するため、自己の価値観を相対化する訓練を行うこと、④問題解決のための「調査方法」の習得、⑤職務遂行に必要な資源の把握とその活用方法の習得などに置かれるべきでしょう。こうした学習目標を実現するためには、講義形式の座学に加えて、双方向性ないし多方向性を持つ演習型の事例検討やロールプレイ等の学習形式を用いることが有効です。たとえば、2005年イギリス意思決定能力法（Mental Capacity Act 2005）の施行指針（Code of Practice）にあるシナリオについて、経験豊富な専門職後見人なども交えて、グループ討議を行うなども一案ではないでしょうか（シナリオについては、菅富美枝『イギリス成年後見制度にみる自律支援の法理』（ミネルヴァ書房、2010年）13頁～54頁に数多くの実例が紹介されています）。また、すでに市民後見人として活動している者を、こうした演習型のプログラムに参加させることも、研修受講者のモチベーションの維持や市民後見人自身の継続研修的効果といった視点から、有益といえるでしょう。

　さらに、市民後見制度のナショナル・ミニマム確立という視点からは、

▶第Ⅰ章　市民後見とは何か

すでに現在各地で実施されている養成研修プログラムをベースとして、コア・カリキュラム（研修の必須要素）の統一化を模索していくことも必要になるでしょう。

(B)　実務研修の功罪

　市民後見人の養成研修に関して、実務研修の必要性が強調されています（日本成年後見法学会・前掲「平成18年度報告書」64頁）。しかし、私は、ここでの実務研修の具体的内容が、成年後見実務現場への同行やそこでの補助者的活動を意味するのであれば、その実施にはむしろ慎重であるべきではないかと考えています。なぜなら、成年後見職務は、その性質上、利用者の財産・身上両面のプライバシー情報に深くかかわるものであるため、法律上の正式な権限がないのみならず、後見人としての適正評価すら未定な者（家庭裁判所の選任による公式の評価手続はもとより、養成研修すら修了していない者）を積極的にかかわらせることは、決して好ましいとはいえないと考えるからです。特に在宅生活者の場合、第三者の訪問それ自体が、利用者のプライベートな生活圏域への侵犯であることに留意すべきです。また、利用者の障がいの性質によっては、見知らぬ研修受講者の同行が、精神面の安定性を含む利用者のQOL（生活の質）を増悪させる危険性すらあるといえるでしょう。

　実は、実務研修を推進する先の見解も、利用者の個人情報開示の問題を考慮して、研修対象とすべき事案を利用者本人の承諾を得られる事案、つまり利用者に一定の判断能力がある保佐ないし補助の事案に、原則として限定すべきことを提言しています。しかし、実務研修は第一義的には市民後見人の利益（広くいえば市民後見システムの円滑な実施という公益）のために実施されるものであり、利用者に直接的な利益を与えるものではありません。こうした構造は、医療分野における臨床実験（治験）に近いわけですが、そこでは、患者本人にとって直接的な利益を目

的とする通常の治療行為の場面と比較して、より慎重なインフォームド・コンセント（説明と同意）の手続が必要であると一般に考えられていることを思い起こすべきでしょう。判断能力が不十分者な利用者の承諾のみを理由として、利用者のリスクで、後見実務研修を強行することに、躊躇を覚える理由はここにあります。

　また、一般論としていえば、保佐・補助類型における支援は、後見類型に比べて、はるかに難易度が高いことが多いといえます。しかし、既述のように、仮に市民後見人の主たる活動領域を難易度の低い事案にするならば、自然と後見類型が中心になるはずですから、実務研修の対象事案と実際に担当する事案との齟齬が生じる蓋然性が大きくなり、実務研修の実践性・実効性という点でも疑問が残ります。逆に、判断能力不十分者等との直接的な接触経験が実務研修の要であるというのであれば、後見実務現場への参加ではなく、福祉施設等において、より一般的な訪問研修を行う等の代替措置でも、その目的は十分に達成できるのではないでしょうか。

　さらに、実務研修における研修受講者の法的地位は、研修指導者である後見人の履行補助者であり、その法的責任は後見人にあると考えられているようですが、市民後見人養成を担当する半ば公的な後見支援組織自体による法人後見ケースならともかく、専門職後見人が個人として研修委託を受けているような場合には、いささか責任過剰になるのではないかという危惧もあります。この場合も、後見人が自分の利益（職務負担の軽減）のために補助者を使う場合とは違って、ある種の公益的目的のために補助者の同行等を引き受けたという地位にあることに配慮する必要があると思うからです。

　こうしてみると、養成研修のレベルでは、直接的な実務研修を実施するよりも、むしろ既述の演習型の事例検討やロールプレイ、さらには福

祉施設の訪問研修等の代替的手段の活用といった方向を模索するほうが好ましいのではないでしょうか。もちろん、後見の実務的なスキルの修得にあたって、最も効果的な手段が後見職務の実践であることを否定するわけではありません。しかし、その機会は入口の養成研修の一環としてではなく、たとえば複数後見を活用したオン・ザ・ジョブ・トレーニング（当初は、専門職後見人や経験豊かな市民後見人との複数後見で協働型事務分掌を行い、一定期間経過後に新人市民後見人の単独後見へと移行させる方式等）や、後見人就任後の継続研修の中でこそ、確保されるべきだと考えます。

(3) 就任支援の必要性

　将来の親族後見人候補者や、より広く市民一般を対象とした、成年後見制度の一般的な啓発講座等とは異なり、本来、市民後見人の養成研修は、当該地域で現実に市民後見人として活動する、いわば即戦力の後見人候補者の養成を目的にするべきです。時間的にも内容的にも濃密な、受講者にとって負担の大きいカリキュラムが要求されている理由も、まさにここにあります。特に、何らかの形で公的な資金を利用して、研修を実施している場合には、研修目的を明確に設定することとあわせて、研修の効果をできる限り具体的に検証できるしくみとなっていることが望ましいはずです。逆にいえば、ただ漠然と研修を実施するだけで、その後の現実の後見人就任に向けた具体的なフォローや、後見人就任後の活動支援環境の整備（たとえば、後述の後見支援組織の設置等）もないまま、研修受講者を単に放置してしまうような研修体制では、かえって害のほうが大きいというべきです。そもそも現行法上、法定後見人の選任は家庭裁判所の専権事項ですから、単なる養成研修の修了という事実は、たとえ当該研修に行政がかかわるようなものであったとしても、後見人への現実の就任を何ら保障するものではありません。実際、市民後見人

の十分な活動実績と支援体制を持つ先進地域の養成現場においてすら、研修を修了したものの実際の受任には至っていない受講者の数はかなり多く、その継続的なモチベーション維持に苦心しているようです。こうした事情を研修受講者に十分説明せず、あたかも研修修了後には直ちに市民後見人として活動できるかのような誤解を残す形で、有料の研修を実施したとすれば、それはもはや資格商法に類したものであって、市民後見人養成の本質であるはずの公益の促進に、むしろ逆行する活動というべきです。近年では、一部の大学なども養成研修の開講に乗り出す状況になっていますが、地域における後見支援組織の整備はおろか、具体的な市民後見人への就任支援すら欠いたまま、名目的な市民後見人候補者のみを生み続けるのであれば、それは空虚で無責任な試みであり、むしろ市民後見制度に対する社会的信頼を失墜させるおそれすらあるというべきでしょう。

　この意味で、今回の厚生労働省の想定しているスキームが、研修を修了した市民後見人候補者の登録制度や、これに基づく家庭裁判所への候補者名簿の提出といった、就任支援に対する配慮を組み込んだことは、正しい方向性であったと評価できます。

⑷　支援・監督体制の整備

　市民後見人による現実の後見活動の適性を担保するためには、後見支援組織の整備をはじめとする組織的なバックアップ体制の構築が必須の要素であるといえます。具体的には、市民後見人が活動する各地域において、①相談・助言機能、②執務管理支援機能、③監督機能等を果たせる組織の整備（地域における中核組織の確立）が必要でしょう。第2章で紹介する、大阪市成年後見支援センター、世田谷区成年後見支援センター、品川成年後見センター、知多地域成年後見センター、北九州市権利擁護・市民後見センター「らいと」は、まさにこうした後見支援組織の

具体例といえるでしょう。これら各団体の所在地も含めて、現在、市民後見制度が順調に根付いてきている先進地域には共通した大きな特徴があります。それは、こうした地域の準公的な後見支援組織（厳密な意味での法的基盤は民間組織であるものの、種々の形態での公費投入等、所在地の基礎自治体と密接な協調関係にある組織）と、地域の基礎自治体との間に高度の信頼関係が醸成されており、成年後見制度の啓発事業、相談事業、市町村長申立事務（の一部）、市民後見人養成事業など、その地域における成年後見制度の運用に関する多くの事務が、公費支出を伴う行政の委託事業として、後見支援組織に委ねられているということです（日本成年後見法学会・市町村における成年後見制度の利用と支援基盤整備のための調査研究会「平成21年度報告書」122頁〜134頁）。そして、いうまでもなく、これは先述の厚生労働省のスキームを理想的な形で実現した一例とみることができるわけです。

なお、現行法を前提とした場合、市民後見人の活用方法としては、①市民後見人を個人として選任する方式、②後見支援組織が法人後見人に就任したうえで、市民後見人を法人後見の実務担当者（後見支援員）として活用する方式の2種類に大別することができます。本書が紹介する実践例にも両方のパターンがあり、この形態自体に単純な優劣があるとはいえません。重要なのは、いずれの形態をとるにしても、市民後見人の活動を組織的に支援していくというしくみを十分に整備しておくことです。近時、「支援者を支援する」という「二重の支援」という理念が有力に主張されていますが（菅・前掲書244頁〜247頁・251頁〜255頁）、この見解が説くように、後見支援組織を中核とする後見人の支援環境の公的な整備こそが健全な成年後見制度の発展にとって重要な鍵を握っているというべきだからです。

⑸　後見支援組織の形態

(A) 法的な組織形態

　後見支援組織は、対外的な責任関係を明確にするために、基本的には法人格を持った独立の組織体であることが望ましいといえます。また、後見支援組織が自ら法人後見人や法人後見監督人として活動することを予定する場合には、法人格取得は必要条件ともなります。ただし、法人格の取得形態については多様性を認めてもよいように思われます。現在の先進地域の実例をみても、社会福祉法人（社会福祉協議会）、NPO法人、一般社団法人、財団法人（福祉公社）と、各地の後見支援組織の法的形態はバラエティに富んでいます。むしろ、重視するべきは形式的な法人格の形態ではなく、後見支援組織設立の自発性（自生的組織化）の有無であるように思われます。第2章で紹介する各団体を含めて、現在の市民後見の成功例をみる限り、地域の中核になっている後見支援組織は、上からの押しつけで作られたものではなく、地域のニーズを敏感に感じ取って、自発的・自生的に出現し、組織化されてきたという共通の経緯をもっています（日本成年後見法学会・前掲「平成21年度報告書」17頁～69頁・131頁）。たとえば、世田谷や品川、大阪のような社会福祉協議会型の場合、たしかに法人の器自体は既存のものですが、後見支援の機能については、それぞれの社会福祉協議会が、自らその社会的役割を自覚し、自助努力で自発的に工夫を重ねながら、現在のしくみを創り上げてきたという点が重要なのです。なぜなら、こうした自発的な組織だからこそ、それぞれの地域の独自性（地域特有のニーズや環境）にうまく適応しながら、そのコミュニティの一員として実効的な活動が実現できているといえるからです。

　繰り返し触れてきたように、一方で、市民後見の基盤のナショナル・ミニマムを確保するために、全国各地に満遍なく後見支援組織が設立されることが必要なわけですが、しかし、だからといって、典型的な箱物

行政的発想で、単に全国一律の組織を上から形式的に押しつけるやり方では決してうまくいかないでしょう。むしろ、それぞれの地域で後見支援組織が自発的に形作られていくような環境整備を仕掛けていくことが大切ではないかと思います。

(B) 後見支援組織の経済基盤の確立

　後見支援組織を地域で立ち上げていくうえで特に留意すべきことの1つに、安定的な経済基盤の確立という課題があります。私自身が関与した調査でも、現状では、各地で準公的な後見支援活動を行っている団体の大半が、その年間予算（団体の運営費）のうち、正規の後見報酬によって賄えているのは、せいぜい5割〜6割程度にすぎないという事実が示されました（日本成年後見法学会・前掲「平成21年度報告書」129頁）。この背景には、先述したように、そもそも現在の後見報酬に関する法的整備が極めて未成熟であるということを指摘できます（②(4)(B)参照）。加えて、従来、後見支援組織による後見活動に対して、直接的な形で助成等の公的な経済支援を行うしくみが、少なくとも国レベルでは存在しなかったという事情があります。この意味で、今年度（平成23年度）から実施される厚生労働省の市民後見推進事業の社会的意義は非常に重要だといえるでしょう。今年度はモデル事業として37の自治体が対象になっているにすぎませんが、今後さらに、この方向の施策を拡充して、十分な予算措置を行い、適正な公益活動を実行している後見支援組織の経済基盤を公的に保障するしくみを確立していくことが大きな課題であると考えられます。任意後見はともかく、少なくとも法定後見については、社会の公的なセーフティー・ネットという性格上、単なる営利事業として成立するものではなく、その健全な財政運営を確保するために一定の公的資金の投入が必要であるということを、社会的に合意しておかなければならないのではないでしょうか。

さて、私がこのように後見支援組織の財政基盤の保障を強調する理由の1つとして、後見人の欠格事由の問題があります。というのも、民法が破産者を欠格事由としているため（民法847条3号等）、仮に法人後見人として実際に活動している後見支援組織が破産してしまった場合、その団体は、破産の時点で担当しているすべての事案について、後見人としての資格を自動的に失ってしまうことになります。この場合、法律的には、家庭裁判所が各事案について新たな後見人を追加選任することになるわけですが、そもそも後見支援組織が担当している件数が非常に多い場合があることや、後見支援組織が担当している事案の多くはもともと他に地域で引き受け手が見つからなかったものであることを考えると、すべての事案について、直ちに代わりの後見人を選任することは、現実には非常に難しいと予想されます。また、仮に早期の追加選任が実現できたとしても、後見人の突然の交替が利用者本人の精神面に与えるダメージは決して小さくないでしょう。このように、後見支援組織の財政破綻は、地域の成年後見の運用全体に致命的な悪影響を与えるおそれがあるわけですから、その財政基盤を安定化させるための政策的対応はとても重要なのです。

(C)　社会福祉協議会活用の可能性とその留意点

　健全な財政基盤の確保や、全国各地における網羅的な組織の整備という政策課題の視点から見た場合、少なくとも現状では、社会福祉協議会を有効活用するという選択肢が、かなり現実的なものとして浮上してくることになります。また、社会福祉協議会は、法形式上は民間組織ですが、社会福祉法上に明確な法的基盤をもって（社会福祉法109条以下）、地域の基礎自治体と密接に連携しながら活動している組織であるという点も利点といえるでしょう。実際、本書の実践例でも、大阪、世田谷、品川の3つは社会福祉協議会を基盤とした後見支援組織です。この意味

において、今後の新たな後見支援組織の立ち上げにあたって、各地の市町村社会福祉協議会は、基礎自治体や地域の専門職後見人団体等と並んで、重要なキー・プレイヤーとなることが期待されます。

　もっとも、先述したように、後見支援組織の有効な立ち上げには、自発性という要素が非常に大切ですから、単に機械的かつ形式的に、地域の社会福祉協議会に対して後見支援組織の看板を一律に掲げさせるというような、安易な政策はとるべきではありません。また、施設運営をはじめ、介護事業を行っている多くの社会福祉協議会の場合、利益相反の問題に十分に配慮する必要があります（この点を含めて、社会福祉協議会による法人後見の課題についての詳細は、田山輝明『続・成年後見法制の研究』（成文堂、2002年）257頁〜261頁）。ドイツを含め後見先進国の多くは、利益相反回避のために、職員を含めた施設関係者が法定後見人に就任することを禁止しています。わが国の場合、こうした事情は後見人選任時の考慮要素の１つにとどめられているので（民法843条4項等）、法律的に選任が禁止されているわけではありませんが、できる限り避けるべき事態であることは確かです。したがって、地域の人的資源の乏しさから、やむを得ず、介護事業を行っている社会福祉協議会が、同時に後見支援組織として利用者の法人後見活動を行う場合には、後見監督人制度を活用したり、あるいは、中立の第三者委員会を設けて、実質的な利益相反の防止を徹底するといった、何らかの対策を講じることが絶対に必要だというべきでしょう。

4　市民後見の運用上の留意点

(1)　事案の困難化リスクへの対応

　本章の最後に、各論的な市民後見運用上の留意点をいくつかあげておきたいと思います。

まず、事案の困難化リスクです。先述のように、市民後見の基本型は、「見守りと日常的な金銭管理を中心とした利用者の日常生活支援」を対象とした、比較的難易度の低い事案に置かれるべきでしょう（2(5)(A)参照）。しかし、ここに述べる事案の困難化リスクがある以上、そもそも市民後見人の運用を低難易度の事案に完全には限定できないということを忘れてはなりません。たとえば、十分な財産管理能力を欠くという利用者の性質上、審判申立時点ではほとんど資産がないと思われていたにもかかわらず、後見人就任後の財産目録作成の過程で、多額の資産の存在が判明することは、必ずしも稀ではありません。こうした場合、少なくとも一時的には、市民後見人が高額の財産管理を担うべきことになります。しかも、こうしたケースでは、想定外の高額報酬が市民後見人に与えられてしまうという可能性も生じます。

　また、そもそも生老病死が人間にとって不回避の事態である以上、実はあらゆる後見人が、現行の後見実務上、最大の難題とされる医療同意や死後事務に直面する可能性を持っているわけです。実際、市民後見の現場からも、「（市民後見人のいずれのケースでも）就任後3～5カ月の間に、当初予定していなかった後見事務や、特別養護老人ホーム入所時の身元引受け、医療同意書の提出など、対応困難な問題が生じている」ことが報告されています（田邊・前掲論文79頁）。

　したがって、市民後見の適正な運用を確保するためには、低難易度事案への事前の振り分け以上に、こうした事案の困難化リスクを踏まえた、市民後見人の支援体制の充実こそを重視しなければならないのです。具体的には、先述した後見支援組織による活動支援や、地域の専門職後見人等との連携確保（協働型事務分掌やリレー型事務分掌の活用）といった環境整備が必要になるわけです。このことから、後見支援組織のもう1つの重要な役割として、地域の成年後見関係者のネットワーク構築に積

▶第 1 章　市民後見とは何か

極的に関与していくことが求められるというべきでしょう。

(2) 市民後見人の活動区域

　市民後見を地域福祉活動の一環として位置づけるという政策論的視点から、先述のように、市民後見人は利用者の生活圏域の周辺から選任することが一般に想定されています。しかし、利用者のプライバシー保護の問題等を考慮するならば、利用者と支援者の生活圏域が完全に重なること（両者の生活空間の物理的距離が近すぎること）も、あまり好ましくないでしょう。

　また、この活動区域の問題と関連して、たとえば施設入所等の事情により、利用者と市民後見人の生活圏域が遠く離れてしまう事態も想定できます。こうした場合について、後見人の機動的な交替を行うなど、十分な対応を図るためには、基礎自治体の枠を越えた、全国的な枠組みでの環境整備が必要になるといえます。ここでもまた、本章の冒頭に触れた国レベルの施策の重要性が確認できるわけです。

(3) 後見支援組織の機能分化

　この問題は、今までの話と違って、かなり将来的な課題ということになりますが、私としては、後見支援組織に対する役割の一極集中が産み出すリスクについても検討しておく必要があると感じています。現時点では、後見支援組織を、見守り・相談から後見の実施まで一貫して担うワンストップ・センターとして構築しようという構想が有力なようです（介護と連動する市民後見研究会・前掲報告書 4 頁）。加えて、市民後見人の養成と活用も同一の後見支援組織が行うことを想定しているようです。たしかに、利用者側の利便性からすれば、ワンストップ・センターの持つ意味は大きいでしょう。また、もともと後見支援組織の資源が脆弱なわが国の場合、ほとんどの地域において、こうした組織を何もないところから作り出していくことが求められることになるわけですから、とり

あえずは、まず1つの組織に種々の役割を背負ってもらおうという発想は、最も現実的といえるかもしれません。実際、本書が紹介する各団体も、地域の成年後見関連業務について、数多くの役割を兼務しているのが実情です。

しかし、その一方で、近年の大幅な第三者後見人ニーズの増加に伴って、各地で法人後見人として実働している後見支援組織の大半が、現在のマンパワーを前提とする限り、すでに法人後見活動だけで手一杯の状況に近づいているというのが実情でしょう（日本成年後見法学会・前掲「平成21年度報告書」128頁〜129頁）。したがって、少なくとも中長期的な政策的課題としては、後見実施機能を中核とする後見支援組織と、後見支援機能を中核とする後見支援組織とに分離していく方向が模索されるべきではないかと思います。具体的にいえば、前者の後見実施機能とは、文字どおり、地域において、実際に後見人として活動することであり、①後見（人）活動と、②後見監督（人）活動を指しています。他方、後者の後見支援機能とは、組織外の後見人（地域の親族後見人や専門職後見人等）の活動支援をはじめとして、地域の後見活動を側面から支えて、これを活性化させることを想定しています。具体的には、③組織外の後見人支援活動（申立支援活動、後見人支援活動等）、④市民後見人の養成活動、⑤地域の成年後見に関する一般的な相談活動（相談窓口機能）、⑥地域の成年後見に関する啓発活動、⑦後見関係機関との連携調整活動（地域における後見ネットワークの事務局機能）などがあげられるでしょう。

少なくとも、現在の後見支援組織の大幅なマンパワー拡充と、その前提となる財政基盤の確立という政策課題が実現されないままで、後見支援組織への機能の一極集中を図ってしまうと、せっかく有効に機能している既存の後見支援組織を過重労働で瓦解させてしまうおそれがあることには留意しておかなければならないと思います。

(4) 成年後見法政策の統一化に向けて

　本章の締めくくりとして、わが国の成年後見制度全体の運用にかかわる大きな政策論上の問題点について、ごく簡単に触れておきます。それは、成年後見制度の運用に対する行政の役割と責任の明確化という問題です。本章で繰り返し触れてきたように、市民後見制度を適正に運用していくためには、司法だけではなく、行政が積極的に関与していくことが必要です。そして、このことは、単に市民後見だけではなく、成年後見全体の運用についても当てはまる話なのです。実際、ドイツやイギリスのような成年後見先進国では、世話官庁（ドイツ）、後見庁（イギリス）といった行政機関が裁判所と密接な連携をとりながら、成年後見制度の運営にあたっています（各国における行政のかかわりを紹介するものとして、菅・前掲書256頁〜264頁参照）。

　ところが、残念ながら、わが国の場合、成年後見制度の運用全体に対して責任を持って総合的な施策を推進する所管庁が、事実上、不在といえる状況があります。もちろん、成年後見制度の法的基盤がある民法等を所管する法務省があるわけですが、その一方で、成年後見制度と深く関連する高齢者や障がい者に関する福祉施策は厚生労働省が担っており、本章冒頭で紹介した市民後見関連の2つの施策も後者によるものです。問題は、この2つの省庁間で、成年後見制度に対する理解が必ずしも共有されていないように見受けられる点にあります（上山泰「統一感なき成年後見法政策に終止符を！」週刊社会保障2623号（2011年）46頁〜51頁）。

　たとえば、後見人の医療同意権や居所指定権について、法務省は、民法上、後見人にこうした権限は存在しないと明言しています。ところが、厚生労働省が所管する精神保健福祉法では、この法律によって自動的に保護者の地位が与えられた後見人と保佐人に医療保護入院に対する同意権を認めています（精神保健福祉法20条・33条1項）。この結果、後見人

には、骨折治療や胃瘻の手術といった通常の治療のために、本人を入院させる権限は認められていない一方で、精神障がいを理由として、事実上の強制入院である医療保護入院に同意することはできるという、非常にゆがんだ状況が生まれてしまっています。私は、こうした問題を、成年被後見人の選挙権喪失の問題などとあわせて、「成年後見制度の転用問題」（上山・前掲書291頁～298頁）と呼んでいますが、この背景にも、わが国の行政における成年後見に対する理解の不統一があるといえます。やや語弊のある表現かもしれませんが、民法等を所管する法務省が想定している成年後見制度と、精神保健福祉法等を所管している厚生労働省が理解している成年後見制度とは、似て非なる制度になってしまっているようにすら感じられます。国家全体のレベルにおいて、成年後見像（成年後見制度の理念型）が分裂し、錯綜しているように思えるわけです。しかし、いうまでもなく、社会的な実体としての成年後見制度はわが国に１つしかないわけですから、こうした理念型の混乱がもたらすしわ寄せは、結果的にすべて現場で実際に活動する後見人に向けられてしまうことになります。こうした環境の中では、市民後見人が安心して職務を行えないのは明らかでしょう。

　そこで、私としては、成年後見制度にかかわる法政策について統一感のある総合的な運営を実現するために、国レベルでの新たな行政組織創設を検討することも一案ではないかと考えています。たとえば、消費者問題に対応する消費者庁のように、わが国の後見問題を統括する後見庁の設立といった対策を真剣に模索してみるべき時期にきているのではないでしょうか。

（第１章　筑波大学法科大学院教授　上山　泰）

第2章

市民後見人の養成・支援の実際

▶第2章 市民後見人の養成・支援の実際

1 大阪市における市民後見のしくみ

(1) はじめに
(A) 大阪市成年後見支援センターの設置者と運営主体

　大阪市は、認知症・知的障がい・精神障がい等により判断能力が不十分な方の生活や財産を守り支援する「成年後見制度」の利用促進を図るため、成年後見制度の利用を専門的に支援する「大阪市成年後見支援センター」（以下、「センター」といいます）を、西成区にある「大阪市社会福祉研修・情報センター」内に、平成19年6月26日に開設しました。大阪市では、このセンターで市民後見人を養成し、家庭裁判所からの選任のための受任調整を行い、その選任後の活動を後方支援しています。

　センターは、大阪市がその事業を委託した大阪市社会福祉協議会が運営しています。センターが設置されている大阪市社会福祉研修・情報センターは、大阪市西成区にあり、大阪市内の福祉人材の養成や調査・研究、高齢者や障がい者の相談・支援等を実施している大阪市の施設で、大阪市社会福祉協議会が指定管理者として運営しています。

(B) 大阪市の概要

　大阪市は、人口が266万6371人（平成22年国勢調査速報）、面積は222.47km²の政令指定都市です。総人口に占める65歳以上の人口の比率（高齢化率）は22.5％となっています。認知症高齢者の人数は5万1121人（介護保険要介護認定における認知症高齢者日常生活自立度Ⅱ以上の人。平成22年12月31日現在）、知的障がい者数は1万7865人、精神障がい者数は1万7351人（いずれも手帳交付者数。平成22年3月31日現在）です。

　平成21年3月に大阪市が作成した「大阪市高齢者保健福祉計画・介護保険事業計画（平成21年度～23年度）」によれば、65歳以上の高齢者がいる世帯が38万2415世帯であり、このうち高齢者の一人暮らしは37.9％、

高齢者夫婦のみの世帯は27.2%、あわせて65.1%となっており、高齢者だけで生活している世帯の割合が全国平均（50.3%〔平成17年国勢調査〕）と比較して高い状況であると報告されています。

(C) 大阪市社会福祉協議会の概要

大阪市社会福祉協議会は、「大阪市における社会福祉事業その他の社会福祉を目的とする事業の健全な発達及び社会福祉に関する活動の活性化により、地域福祉の推進を図ること」を目的として、昭和26年5月28日に法人設立されました。

社会福祉協議会とは、法的には「地域福祉の推進を図ることを目的とする団体」（社会福祉法109条）と規定されており、地域における住民組織と公私の社会福祉関係事業者等により構成され、住民主体の理念に基づき、地域の福祉課題の解決に取り組み、誰もが安心して暮らすことのできる地域福祉の実現をめざし、住民の福祉活動の組織化、社会福祉を目的とする事業の連絡調整および事業の企画・実施などを行う民間組織です。

(2) 大阪市成年後見支援センターの概要

(A) 組織運営体制

センターは、運営委員会、受任調整会議・企画会議、事務局という体制により運営されています（図表2－1）。

〔図表2－1〕センターの運営体制

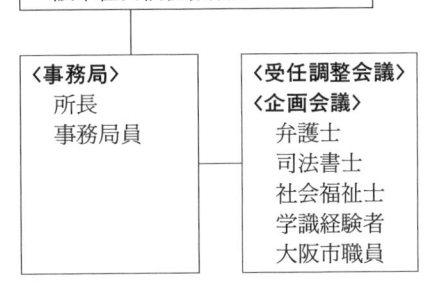

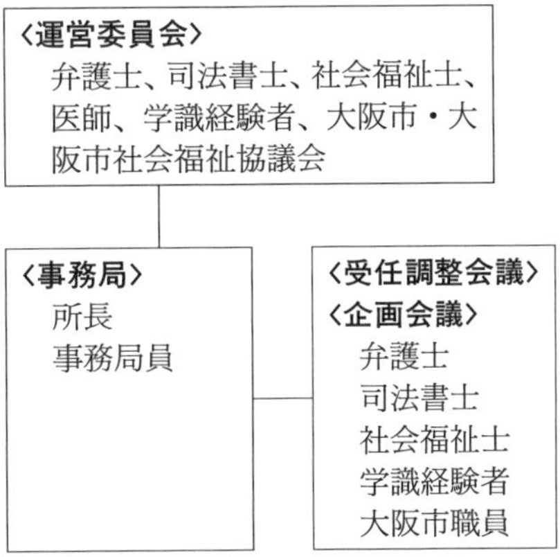

〈運営委員会〉
弁護士、司法書士、社会福祉士、医師、学識経験者、大阪市・大阪市社会福祉協議会

〈事務局〉
所長
事務局員

〈受任調整会議〉
〈企画会議〉
弁護士
司法書士
社会福祉士
学識経験者
大阪市職員

(B) 運営委員会

運営委員会は、センターの適切な運営に関することや、事業の効果的な実施に関することなどについて協議しています。委員を構成

しているのは、医師、弁護士、司法書士、社会福祉士、学識経験者、大阪市、大阪市社会福祉協議会です。

(C) 事務局

センターを運営する事務局は、所長と事務局員で構成されますが、所長と相談支援課長は、社会福祉研修・情報センターとの兼務となっており、専任職員は3名（平成22年度）となっています。

> 所長―大阪市社会福祉研修・情報センター副所長（兼務）
> 事務局員―大阪市社会福祉研修・情報センター相談支援課長（兼務）
> 　　　　　大阪市社会福祉研修・情報センター相談支援課副主幹・
> 　　　　　課員・常勤嘱託職員

(D) 企画会議・受任調整会議

企画会議は、センターが実施する事業の企画に関することやセンターの運営に必要な各種の基準、マニュアル等の作成に関することを協議しています。

受任調整会議は、家庭裁判所から推薦依頼のあった事案に対して、市民後見人が受任できる事案であるかどうか、市民後見人バンク（後記(5)(D)参照）に登録されている登録者の中から推薦する候補者を決定するための協議をしています。

企画会議、受任調整会議は、月2回定例で開催しています。委員を構成しているのは弁護士、司法書士、社会福祉士、学識経験者、大阪市、センター事務局です。

センターは、市民からの成年後見にかかわる相談や、市民後見人の後見活動に対して専門的な支援が的確に行えるよう、後見活動を担う専門職（弁護士、司法書士、社会福祉士）と委託契約を締結し、成年後見にかかわる相談への対応、企画会議・受任調整会議への参画、市民後見人の

養成と活動支援等の業務を実施する体制をとっています。

⑶ 市民後見人の選任事案数

　平成20年1月5日に、「大阪市成年後見支援センター事業」における最初の市民後見人が家庭裁判所から選任されました。平成23年3月31日までに、50件の事案について市民後見人が選任されています。

　市民後見人が選任されている事案はすべて後見類型で、専門職との複数後見や市民後見人同士の複数後見はなく、すべて市民後見人の単独受任です。また、現在のところ、1人の市民後見人が受任する事案は1件としています。後見監督事案も受任していません。

　市民後見人の事案にはセンターが後方支援にあたっていることから、後見監督人は選任されていません。また、センターの市民後見人バンク登録者は、親族以外の任意後見契約や法定後見にもかかわらないことになっていますので、家庭裁判所からセンターに推薦依頼のあった事案に対してのみ後見活動を行うことになります。

⑷ 大阪市成年後見支援センターの設立の経緯

　大阪市は、平成18年2月に、地域における権利擁護システムの構築と成年後見制度の利用を促進し、成年後見制度を有効活用するためのしくみづくりの検討を行うため、「大阪市後見的支援研究会」(以下、「研究会」といいます)を設置しました。

　研究会の構成者は、学識経験者、弁護士、司法書士、社会福祉士、大阪市の高齢福祉、障がい福祉、地域福祉の各担当者や大阪市社会福祉協議会でした。

　研究会は、成年後見制度を取り巻く現状と課題、成年後見制度を有効に活用するための前提とすべき視点、成年後見制度推進の中核となるセンター機能の確立等について協議し、成年後見制度を有効に活用する中核的なセンターの機能や市民後見人の養成とその活動支援等を内容に含

▶第2章　市民後見人の養成・支援の実際

む報告書（「大阪市後見的支援研究会報告書」〔平成19年3月〕）を作成しました。

　この研究会に並行して、大阪市は、平成18年度に市民後見人養成講座・基礎講習を実施し、平成19年度から前述の研究会報告を基調として、市民後見人の養成とその活動支援を実施する大阪市成年後見支援センター事業を開始しました。

(5)　市民後見人の養成

(A)　募　集

　大阪市の市民後見人養成講座は、市民に広報紙誌やチラシ、ホームページで市民後見人養成講座を周知し、応募を待つという、完全な公募形式で実施されています。広報内容は、市民後見人養成講座のオリエンテーションの開催案内で、基礎講習の内容、オリエンテーションの案内・申込書となっています。募集期間は約2カ月間で、大阪市内の行政機関や区・地域（地区・校下）社会福祉協議会、高齢者・障がい者の施設、福祉サービス事業者、民生委員や地域ネットワーク委員、各ボランティア団体などに広く周知を行っています。

　オリエンテーションは、制度の概要や養成講座の内容、後見人となってからの活動の状況などを理解してもらうためのもので、養成講座に申し込むためには、その参加が前提となっています。

(B)　養成講座の受講資格

　大阪市では、養成講座の受講条件として、以下の7つのすべての項目に該当することを必要としています。

①　オリエンテーションに参加し、講座の趣旨をご理解いただいた方
②　年齢が25歳以上69歳未満の方（登録時に70歳未満の方）
③　大阪市在住または在勤の方
④　成年後見制度および福祉活動に理解と熱意のある方

⑤　社会貢献に意欲をもち、後見人になろうと考える方（ただし、後見業務の養成研修を有し第三者後見等の活動を行っている団体に所属している方、または親族以外の第三者後見人としてすでに活動している方を除く）
⑥　大阪市民を対象とした後見活動が可能である方
⑦　原則としてすべての講座に参加できる方

(C)　**市民後見人養成講座のカリキュラム**
(a)　**養成講座の概要と流れ（図表2－2）**

オリエンテーション参加者の中で、受講条件を満たしている申込者を対象として、100人規模の定員で「市民後見人養成講座・基礎講習」（以下、「基礎講習」といいます）を4日間、20時間、9科目のカリキュラムで行います（図表2－3）。

その基礎講習を終了した受講者の中から、「市民後見人養成講座・実務講習」（以下、「実務講習」といいます）受講者を選考します。選考にあたっては、「市民後見人養成講座選考委員会」が、レポートにより成年後見制度の基本的理解や受講者の支援の視点などを確認し、専門職・自治体・事務局の3者による面接により、第三者後見人として活動可能な状況であるかどうかなどの確認を行うことになります。その結果、50人程度の人が、「実務講習」を受講することになります。

実務講習は9日間、45時間、24科目に及び（図表2－4）、さらに、施設実習を4日間行います。実習を行う施設は、高齢者・障がい者の入所・通所施設で、受講者は、施設での生活や、本人とのコミュニケーション、施設職員による相談支援活動などについて学習します。

これまでの市民後見人養成講座の受講者数については、〔図表2－5〕のとおりです。

(b)　**カリキュラムの特徴**

▶第 2 章　市民後見人の養成・支援の実際

〔図表 2 − 2〕市民後見人養成講座の概要

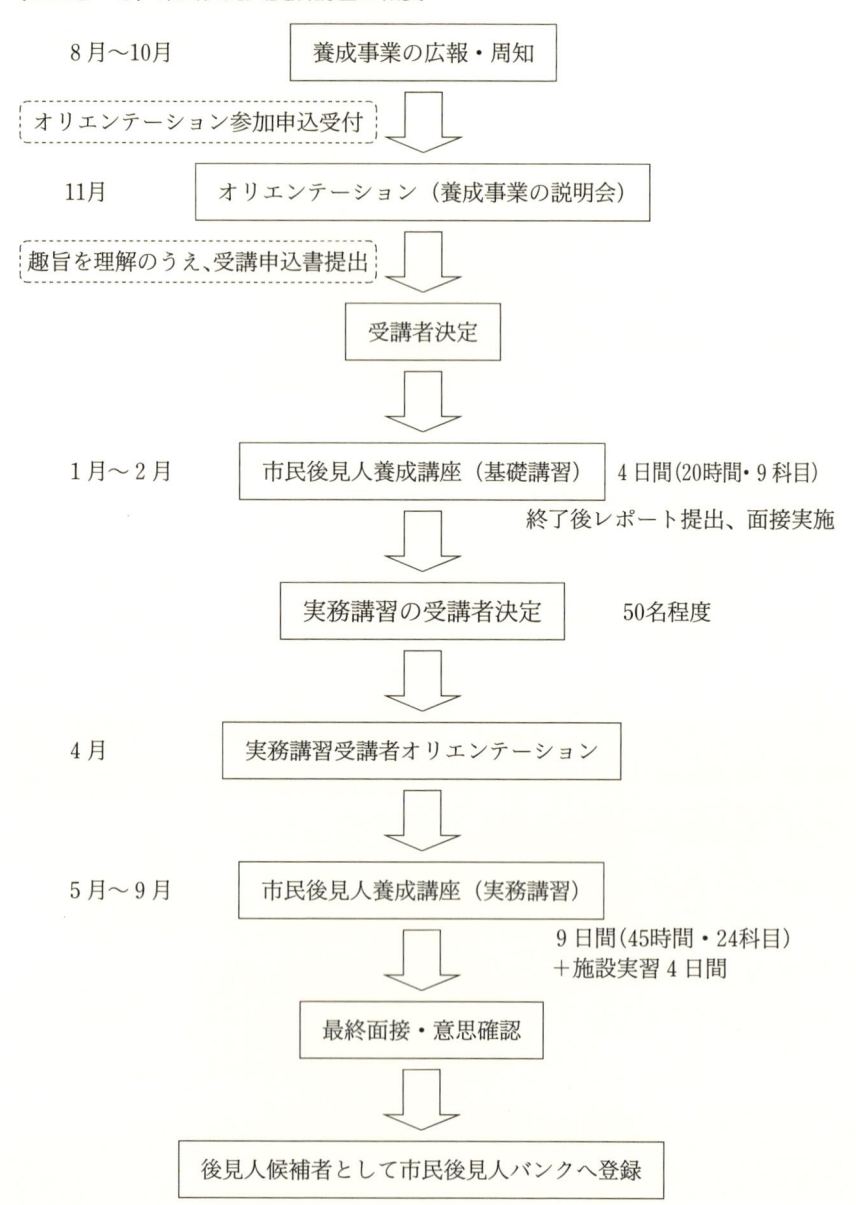

```
8月～10月        養成事業の広報・周知
    ┌─────────────────┐         ↓
    │オリエンテーション参加申込受付│
    └─────────────────┘
11月             オリエンテーション（養成事業の説明会）
    ┌─────────────────┐         ↓
    │趣旨を理解のうえ、受講申込書提出│
    └─────────────────┘
                 受講者決定
                     ↓
1月～2月         市民後見人養成講座（基礎講習）    4日間(20時間・9科目)
                                                 終了後レポート提出、面接実施
                     ↓
                 実務講習の受講者決定             50名程度
                     ↓
4月              実務講習受講者オリエンテーション
                     ↓
5月～9月         市民後見人養成講座（実務講習）
                                                 9日間(45時間・24科目)
                                                 ＋施設実習 4 日間
                     ↓
                 最終面接・意思確認
                     ↓
            後見人候補者として市民後見人バンクへ登録
```

〔図表2－3〕市民後見人養成講座（基礎講習）カリキュラム（第4期）

	時間	科目	内容	目標	講師
1/23 (土)	9:45	開講式			
	10:00〜12:30	①社会福祉の動向と権利擁護について	地域福祉・権利擁護の理念、市民後見人の役割	「地域福祉」や「権利擁護」の理念を理解し、市民後見人の必要性・役割を認識する。	研究者
	13:30〜16:00	②成年後見制度	法の理念と制度内容、後見事務、市長申立てについて	法の理念を理解し、法定後見と任意後見の概要と後見人等の職務について理解する。	弁護士
2/6 (土)	10:00〜11:25	③人権問題	大阪市における人権課題など	大阪市におけるさまざまな人権課題を認識し、特に権利侵害を受けやすい高齢者・障がい者の課題を理解する。	弁護士
	11:35〜13:00	④法定後見の申立ての流れ	申立から後見等開始までの流れ	大阪家庭裁判所における申立から後見等開始までの流れと申立実務を学ぶ。	家庭裁判所主任書記官
	14:00〜16:00	⑤福祉サービスと社会資源	関連福祉サービス、関係機関との連携	関連する事業・福祉サービス・社会資源を理解し、関係機関との連携の大切さを学ぶ。	大阪市社会福祉研修・情報センター担当者
2/20 (土)	10:00〜12:30	⑥対象者の理解	認知症、知的障害、精神障害についての理解	対象者についての理解を深めるため、それぞれの特性について認識する。	社会福祉士
	13:30〜16:00	⑦後見人の職務(1)	身上監護、財産管理等具体的な業務	実際の後見人の職務について、身上監護、財産管理の業務を学び、具体的な実務を理解する。	司法書士
2/27 (土)	10:00〜12:00	⑧後見人の職務(2)	後見人から学ぶ（体験に基づく話など）	実際に後見人として活躍される専門職の方の話を聞くことによって、後見人の実務についてのイメージを高め、質疑応答により、疑問点を解消する。	弁護士、司法書士、社会福祉士、研究者
	13:00〜16:00	⑨まとめ	事例検討（グループワーク）次期の実務講習について	グループワークにより、課題として事例を検討し、実践的な力を養う。	弁護士、司法書士、社会福祉士、研究者

▶第2章 市民後見人の養成・支援の実際

〔図表2-4〕市民後見人養成講座（実務講習）カリキュラム（第4期）

日	時 間	科 目	内 容	講 師
5/15	9:45～	開講式		
	10:00～12:30	地域福祉の推進と市民後見人の役割	地域福祉の推進と市民後見人の役割・権利擁護判断能力が不十分な方の意思決定の支援	研究者
	13:30～16:00	成年後見制度	制度内容と後見事務について（同意・取消権、代理権の内容等）～市長申立での虐待事例を踏まえて～	弁護士
5/22	10:00～11:30	大阪市の福祉制度(1)	大阪市の高齢者福祉施策について（高齢者虐待防止について）	大阪市健康福祉局高齢者施策部高齢福祉担当
	12:30～13:55	大阪市の福祉制度(2)	介護保険制度について	大阪市健康福祉局高齢者施策部介護保険担当
	14:05～16:00	大阪市の福祉制度(3)	障害者自立支援制度の仕組みと内容、福祉サービスと社会資源（知的障害者、精神障害者について）	大阪市健康福祉局障害者施策部障害福祉企画担当
6/5	10:00～12:00	対象者の理解(1)	認知症の特性（と接し方）	医師
	13:00～14:25	対象者の理解(2)	知的障害者の特性（と接し方）	医師
	14:35～16:00	対象者の理解(3)	精神障害者の特性（と接し方）	医師
6/19	10:00～11:25	消費者保護と相談機関	消費者被害の現状（判断能力が不十分な人の被害と対応）	消費生活専門相談員
	11:35～12:30	大阪市の福祉制度(4)	生活保護制度について	大阪市健康福祉局生活福祉部生活保護担当
	13:30～14:55	大阪市の福祉制度(5)	健康保険制度、後期高齢者医療制度について	大阪市健康福祉局生活福祉部保険年金担当
	15:05～16:00	年金制度について	年金制度等について	大阪市健康福祉局生活福祉部保険年金担当
7/3	10:00～12:30	関連法律知識	契約、親族、遺言、相続等	弁護士
	13:30～15:30	後見業務の実際(1)	身上監護の知識・実務（事実行為との違い、サービスの確保等）	社会福祉士
	15:40～16:00	事前オリエンテーション	演習、グループワークに入る前に	センター事務局
7/24	10:00～12:30	後見業務の実際(2)	財産管理の実務（金融機関との付き合い方・債務への対応について）	司法書士
	13:00～16:00	後見業務の実際(3)演習	身上監護を中心とした演習	社会福祉士
8/7	10:00～12:00	後見業務の実際(4)	後見業務における家裁への連携と報告（報告書の作成方法等）	家庭裁判所
	13:00～13:55	後見業務の実際(5)	終了事務について	弁護士
	14:05～16:00	後見業務の実際(6)演習	就任時の手続、財産目録の作成	社会福祉士
8/21	10:00～12:30	事例検討(1)応用	グループワーク	社会福祉士
	13:30～16:00	事例検討(2)応用	グループワーク	社会福祉士
9/4	10:00～12:30	施設実習のふりかえり	グループワーク	研究者、弁護士、社会福祉士、司法書士
	13:30～16:00	まとめ○成年後見支援センターについて	市民後見人バンクへの登録に向けて	研究者、弁護士、社会福祉士、司法書士
5月～8月	施設に応じて	施設実習	福祉施設での実習（原則4日間）	各施設

〔図表2-5〕市民後見人養成講座受講者数等の推移　　　（平成23年7月現在）

年度	第1期 平成18～ 19年度	第2期 平成19～ 20年度	第3期 平成20～ 21年度	第4期 平成21～ 22年度	第5期 平成22～ 23年度
オリエンテーション参加者	550	182	171	185	173
基礎講習受講者	114	88	84	81	79
実務講習受講者	50	45	46	49	46
実務講習修了者	45	42	43	44	
市民後見人バンク登録者	44	40	36	41	

　基礎講習・実務講習それぞれのカリキュラムの冒頭に、学識経験者から、地域福祉や権利擁護の概念、市民後見人の理念、判断能力が不十分な人の意思決定の支援などについての講義があります。この講義は、大阪市の市民後見システムがめざしている活動の意義を理解し、後見人として地域の判断能力が不十分な人の権利擁護に取り組むことにより、市民後見人が地域福祉の担い手・主体となるという養成講座の目的を示すためのプロセスとなります。

　成年後見制度についての講習は、本人の権利擁護という理念に基づき、大阪家庭裁判所、大阪弁護士会、公益社団法人成年後見センター・リーガルサポート大阪支部、大阪社会福祉士会の専門職が講師として担当しています。これらの専門職の中心になっているのは、センターの企画会議・受任調整会議、市民後見人の専門相談などを担っている方々です。このことにより、養成から受任調整、また活動支援と一貫した体制を組むことが可能となり、実際の後見活動の課題などを講習の内容に反映できるようにしています。

　疾病や障がいに対する理解や対応については、大阪府医師会や大阪市の医療機関の医師等が中心となって、講義を行っています。

　また、自治体の保健・福祉・介護、保険・年金、生活保護の担当者な

ど、後見業務を行ううえで実務上かかわりが生ずる分野について、それぞれの実務担当者が講義をしています。これは、実際に市民後見人が活動する場合に備え、それぞれの行政担当者と市民後見人が協働していくことを想定していることによります。講習だけでは、実務上の知識をすべて得ることは困難であるので、選任後の活動の過程で、市民後見人がそれぞれの機関に「相談」できるようにすることを目標としています。

カリキュラムの策定・変更等については、センターに常設されている企画会議が担当することになります。カリキュラムの変更については、前述のように実際に市民後見人活動の相談・支援を通じて、発生する課題に応じ、養成講座で講習を受けておくべきことなどが確認され、カリキュラムに反映されます。

(D) **市民後見人バンク**

(a) **市民後見人バンクへの登録**

実務講習の受講を終了した人は、出席状況やレポート、面談等により、養成講座の修了の認定がされます。修了が認定された方で、実際に市民後見人に選任されることを希望する方は、「市民後見人バンク」に登録申請を行います。

養成講座の修了と登録の可否については、「登録者選考委員会」(弁護士・司法書士・社会福祉士の専門職と、学識経験者・大阪市職員・センター事務局で構成されています) が判断することになります。

市民後見人養成講座については、平成19年度から22年度にかけて、4期にわたり実施し、平成22年10月の段階で141名が市民後見人バンクに登録しています。平成22年11月からは、第5期の市民後見人養成講座がスタートしています。

(b) **市民後見人バンク登録者の活動**

市民後見人養成講座を修了し、市民後見人バンク登録者となった人に

対して、年8回の研修会を実施しています（図表2-6）。

　この研修は、受任までの期間の準備や後見活動への意欲の維持・向上を図ることを目的として、後見人としての活動上必要な医療・保健・福祉・介護、保険・年金、生活保護等の施策やその変更、近年の年金問題への対応やケアマネジメント・福祉サービスの課題など高齢者・障がい者にかかわる喫緊の課題について学んでいます。

　また、研修会のもう1つの柱として、事例報告・検討会があります。事例報告・検討会では、市民後見人の先行受任事例（事例報告にあたっては個人が特定できないように配慮し、参加者には守秘義務が課されています）を発表し、その事例から市民後見人としての具体的な活動や事務を学び、模擬的な受任活動研修としています。事例発表・検討会では、受任者自身の活動の振り返りやそれに対する評価、参加者の共通の課題等について専門職からのスーパーバイズが行われるとともに、事例発表者と登録者・受任者との間での後見活動に対する意見や質問などが活発に行われています。

(E) 市民後見人の選任

(a) 家庭裁判所の推薦依頼

〔図表2-6〕市民後見人バンク登録者研修会（平成22年度）

回数	月日	内容	講師・コーディネーター
1	5月29日	事例報告会（市民後見人受任事例報告・検討会）	社会福祉士
2	6月29日	法律行為の取消とその事例	弁護士
3	7月10日	事例報告会（市民後見人受任事例報告・検討会）	社会福祉士
4	10月17日	シンポジウム「成年後見制度のこれからを考える」	裁判官、研究者
5	11月27日	事例報告会（市民後見人受任事例報告・検討会）	社会福祉士
6	12月11日	認知症の人の理解と支援～ご本人の立場から考える	研究者
7	2月19日	事例報告会（市民後見人受任事例報告・検討会）	社会福祉士
8	3月26日	高齢者の医療と主治医との連携	医師

▶第2章　市民後見人の養成・支援の実際

　大阪家庭裁判所（本庁）が、成年後見の開始の申立てを受けた事案の中で、第三者後見人、特に市民後見人の選任が適切であると判断した場合に、センターに対して、後見人候補者の推薦依頼を行います。この推薦依頼の際には、本人と候補者が利益相反関係にないかどうかを確認できる情報が盛り込まれています。

　　(b)　受任調整会議

　センターは、このような家庭裁判所からの推薦依頼に対して、「受任調整会議」を設置して対応を協議します。

　この受任調整会議は、センター所長が統括し代表しますが、会議を構成している委員は、前述のように学識経験者、大阪弁護士会（高齢者・障害者総合支援センター「ひまわり」）に所属している弁護士、成年後見センター・リーガルサポート大阪支部に所属している司法書士、大阪社会福祉士会に所属している社会福祉士、並びに大阪市健康福祉局生活福祉部地域福祉課の担当職員およびセンター事務局で構成されています。

　受任調整会議の開催は、毎月第1・第3木曜（2011年度）と定めて、推薦依頼の有無にかかわらず開催しています。受任調整にかかわる案件がない場合は、前述の企画会議として開催し、市民後見人の後方支援上のさまざまな課題、地域における成年後見制度の普及にかかわる課題に対応しています。

　受任調整会議では、最初に事務局であるセンター職員が家庭裁判所から推薦依頼のあった事案について報告し、それを受けて、詳細な情報の確認や事案についての質問が受任調整委員から出されます。それぞれ、専門的な分野からの質問が出され、市民後見人が受任可能な事案であるかどうかが検討されることになります。

　　(c)　受任調整の基準

　大阪市における市民後見人は、複雑な法律関係や紛争が絡まない事案

で、「生活を見守る」、「年金等の限られた収入を本人（被後見人）のためにどのように使っていくかを考え執行する」など、地域福祉の視点から、報酬を前提としない社会貢献的な活動として後見活動を行う存在として位置づけられています。

　これらの活動を可能にするため、市民後見人が受任できる事案は、本人（被後見人）の居所が大阪市内にあり、市民後見人が訪問することや面接することが可能な環境にあるものとしています。

　市長申立ての事案に限定せず、本人申立て・親族申立てによるものもあります。

　本人の居所も、施設入所者や入所予定者に限定しておらず、自宅で生活している人や、長期入院中の人なども対象とし、施設を含めた地域の権利擁護システムとしての役割を果たそうとしています。受任可能な事案として、具体的には以下のようなものを想定しています。

① 　本人の家族や親族等、本人を養護する者の存在がなく、契約による福祉サービスや介護サービス、地域、近隣によるインフォーマルな支援によって生活することを予定している事案
② 　年金等の限られた収入を、本人のためにどのように使っていくかを考え、執行することが、財産管理の内容として予定されている事案
③ 　本人の居所が自宅や施設であることを問わず、地域で安心して生活していくことができるように本人を見守っていくことを予定している事案

　他方、市民後見人が受任することが適切でない事案については、以下のようなものを想定しています。

① 　本人に対する家族や養護者からの虐待や、第三者からの権利侵害など、本人の権利擁護の観点から急迫した事情があり、その対応が予定されている事案

② 本人の家族や親族等と本人が係争関係にあったり、家族、親族同士が係争関係にあるなどしており、その対応が予定されている事案
③ 多額の財産管理や不動産収入等の管理が予定されている事案
④ 多額の負債の返済などが予定されている事案
⑤ 不動産等の処分が予定されている事案
⑥ 相続手続等、専門的な知識を要する法律行為が予定されている事案
⑦ 後見人としての活動において、コミュニケーションや対人援助等の専門的な技術を要することが予定されている事案

家庭裁判所からセンターに推薦依頼される事案の中には、軽微な負債や支払いの滞納等について、受任後に、市民後見人が専門職に委任することで課題の解決を図ることを前提としているものもあります。また支援者のチームが形成されていることを理由として、身上監護面で課題の多い事案について推薦依頼がされることもあります。

推薦依頼を受け、受任調整会議では、市民後見人が受任可能であるかどうかを判断するため、本人がどのように生活しどのような支援を必要としているかなど、本人の生活と後見人に予定される活動を具体的にイメージしながら、検討します。その際には、それぞれの専門職が、専門的分野から本人の財産管理や身上監護における課題等を予測し、豊富な後見人活動の経験から当該の事案における後見人活動をイメージする作業を行っており、受任調整会議の委員を構成する専門職の役割は大変重要なものとなっています。

(d) **候補者の調整**

受任調整会議により、市民後見人が受任可能であるとの判断がなされると、候補者の調整を行うことになります。

候補者の調整は、本人の特性を十分に考慮し、後見活動が適切に実施

できるように市民後見人バンク登録者の中から選択していきます。

　市民後見人が本人と利益相反関係にないことは、最初に確認される事項です。利益相反関係にないことは、本人の情報と、センターに登録されている市民後見人バンク登録者の情報との関係を受任調整会議において確認することになりますが、後述するセンターによる候補者調整のための面談や、家庭裁判所による面談でも確認されます。

　候補者調整の基準として最初にあげられる項目は、後見人候補者の居所（または勤務場所）です。

　大阪市の市民後見人は、地域福祉の理念や権利擁護の視点から、本人の意思を的確に代弁できるよう、週1回程度、本人へ訪問・面会することを想定しています。そのため、本人の居所と候補者の居所（または勤務場所）との距離は、候補者選択の場面では重要な要素となっているのです。具体的には、後見人が本人の居所へ移動する場合にどれくらいの時間と費用を要するかを検討し、他方では、本人のプライバシーに配慮するため本人と市民後見人と生活圏域が重ならないよう適度な距離が必要であることも考慮しています。

　候補者の調整においてそのほかに検討される項目は、主に以下のようなものです。

① 本人の判断能力や生活状況から、候補者と本人とのコミュニケーションを想定し、そのための候補者のスキルや頻回な訪問を行う時間があるか。
② 被後見人の居所の変更や施設入所、医療・福祉・介護サービスの調整の必要が頻回にあるか。
③ 財産管理のための特別な手続や債務の返済などがあるか。
④ 後見活動を行ううえで、家族・親族との調整の必要性があるか

　市民後見人の候補者調整の場面では、専門職が候補者である場合とは

▶第2章　市民後見人の養成・支援の実際

別の視点が必要になってきます。すなわち、市民後見人の特徴である「市民らしさ」を発揮して、「市民の特性を持った後見活動」ができるかどうかという観点から、候補者を選択することになります。保健・福祉等の経験や財産管理の専門性だけが優先されるのではなく、被後見人が地域で生活するため、地域住民としての目線を保ちながら、本人の代弁者として後見活動できるどうか、ということが重要な要素となっています。

(F)　**市民後見人の活動支援**

選任された市民後見人の活動を支援する体制とその機能は、市民後見人活動にとって最も重要な部分となります。

センターは、市民後見人が家庭裁判所から選任された直後から後見人として活動するために必要な相談・支援体制を整備し、その活動を支援しています。

(a)　**相談・支援体制**

センターでは、事務局の相談員による相談・支援体制を月曜日から土曜日まで敷いています。また、センター事務局の職員については、いつでも市民後見人への支援を行えるよう、勤務時間以外にも電話により24時間体制で市民後見人から連絡がとれるようになっています。

加えて、弁護士・司法書士・社会福祉士による、より専門的な相談・支援ができるような体制をとっています。具体的には、1週間に4回の専門職の相談機会が常設されています。1回の相談時間は90分です。市民後見人の後見活動におけるさまざまな課題への対応を、この専門職による相談によってフォローしています。特に、選任直後の活動への支援の必要性が高いことから、市民後見人は、選任直後と、財産目録の作成等の家庭裁判所への報告の前に1回ずつ、専門職の相談・支援を受けるなど、選任後は、センター事務局のサポートと専門職の支援を十分に活

用できるようになっています。

　さらに、専門職の相談・支援に加えて、支援困難な事案については、必要に応じて、受任調整会議委員により事例検討会を実施し支援を行っています。

　また、センターが設置されている大阪市社会福祉研修・情報センターでは、福祉サービスの相談、認知症医療相談や権利擁護相談、法律相談が開設されており、精神科医や、受任調整委員以外の弁護士や社会福祉士等の支援を受けることが可能になっています。

　センターを運営する市社会福祉協議会と連携する各区の社会福祉協議会や地域（地区・校下）社会福祉協議会やさまざまな地域支援システムにかかわる人々も、地域福祉の視点から市民後見人の活動を支援しています。

　市民後見人は、こういった支援体制によって、行政や機関と協働して活動を行っているのです。

　(b)　後見活動のリスクへの対応
　　(i)　損害賠償責任保険

　市民後見人活動の損害賠償責任保険については、センター用に、保険会社が商品設計しています。以下に、その概要を紹介します。

---

① 保険種類　　専門的業務賠償責任保険
② 保険期間　　1年
③ 記名被保険者　　成年後見支援センターが支援・教育する法定成年後見人
　※保険契約者は、大阪市成年後見支援センターとなります。
④ 対象となる業務　　成年後見業務全般
⑤ 補償内容
　・身体障害　　1億円（1名あたり）、2億円（1事故あたり）

▶第2章　市民後見人の養成・支援の実際

　　　・財物損壊　　　1億円（1事故あたり）
　　　　※成年後見業務の遂行にあたり管理する貨幣および紙幣の盗取については、10万円（受任期間中1事故あたり）を限度とします。
　　　・純粋経済損害　　200万円（1事故あたり）、1000万円（受任期間中1事故あたり）
　　　・人格権侵害担保　　100万円（1人あたり）、1000万円（受任期間中、1事故あたり）
　⑥　免責金額
　　　・身体障害および財物損害　　1000円（1事故あたり）
　　　・純粋経済損害および人格権侵害　　1万円（1事故あたり）
　⑦　保険料　　1人あたり年間6500円

　　(ii)　ボランティア活動保険

　市民後見人の活動中の事故等に関してはボランティア活動保険で対応しています。このボランティア活動保険は社会福祉協議会が取扱いをしているものですが、大阪市の市民後見人の活動は、報酬を前提としない完全なボランティア・市民活動であるため、直接的な後見活動だけでなく、研修や相談等といった活動の部分までを保険の対象とすることが可能となっています。

　保険料の負担は、センターが行っています。

　　(c)　**大阪市の市民後見の特徴**

　大阪市における市民後見人の活動については、大阪市が設置したセンターが、養成、受任調整、後方支援を行うことを前提に、市民後見人が個人として選任されます。センターを運営している社会福祉協議会が後見監督人に選任されている事案はありません。

　市民後見人が後見活動を継続できないような場合、たとえば疾病や他都市への転居などの状況が生じた場合は、センターは家庭裁判所への連絡と調整により他の登録者を推薦し、その引継ぎについて支援を行って

います。

　また、被後見人の状況により、専門職後見人への引継ぎが必要ではないかと判断される場合には、家庭裁判所との協議により、専門職後見人への引継ぎに向けた支援を行うことになります。

　いずれも、専門職と学識経験者等が参加する受任調整会議により検討し、判断することになります。

（大阪市社会福祉協議会　大阪市成年後見支援センター　藤原　一男）

2 世田谷区における市民後見のしくみ

(1) 世田谷区の紹介

　世田谷区（以下、「区」といいます）は、東京23区の西南端にある面積約58km²、一般会計予算約2489億円（平成23年度）、人口約85万人（65歳以上約16万人。平成23年5月）の都市です。

　成年後見制度との関連では、介護保険の要介護（要支援）認定者が約3万人、愛の手帳（療育手帳）所持者が約3400人、精神障害者保健福祉手帳の所持者が約1800人です。

(2) 市民後見人支援組織

(A) 支援組織設立の経緯

　区は、平成17年に成年後見制度の利用を推進する世田谷区成年後見支援センター（以下、「センター」といいます）を開設し、運営を社会福祉法人世田谷区社会福祉協議会（以下、「区社協」といいます）に委託しました。

　市民後見人（区では「区民後見人」と呼んでいます）の養成と活動の支援はこのセンターが行っています。

(B) 区社協の取組みの経緯

　区社協は、昭和61年にそれまで区内に3つあった社会福祉協議会が合

▶第2章　市民後見人の養成・支援の実際

併されて発足しました。

　平成12年に地域福祉権利擁護事業（現在の日常生活自立支援事業）を開始し、翌年には成年後見が必要になった日常生活自立支援事業の利用者の後見人を受任しました（法人後見）。

　平成23年5月現在、区社協は累計で6件の後見人を受任しています。

　(C)　センターの主な事業

　センターでは、①成年後見制度の区民相談、②弁護士による法律相談、③成年後見の申立支援、④区や地域包括支援センター等関係機関との連携、⑤市民後見人の養成と活動支援を行っています。区民相談の受付件数は年間1600件程度です。

　(D)　センターの組織と経費

　センター内に、①運営方針を検討する運営委員会、②事例を検討する事例検討委員会、③市民後見人候補者を選定する運営委員会小委員会を設置しています（図表2−10）。

　センターは、市民後見人養成研修受講料等の一部を除き、区の委託費で運営されています。

　(E)　センターの職員体制

　センターの職員は嘱託職員が4人、日常生活自立支援事業と兼務する常勤職員が2人の6人体制です。

　嘱託職員の内訳は、所長（弁護士）が1人、相談員（社会福祉士、精神保健福祉士）が3人です。

　(3)　**市民後見人養成の背景と経緯**

　市民後見人の養成は、認知症高齢者等の後見人が必要な方の増加と、親族などの後見人のなり手不足の懸念を背景として、取り組むことになりました。また、区では市民同士の支え合いを進めてきており、この観点からも市民後見人の意義をとらえています。

センター開設翌年の平成18年から市民後見人の養成研修を始め、平成19年には東京家庭裁判所において区が養成した市民が初めて後見人に選任されました。同時に、区社協が後見監督人に選任されています。

　平成23年5月現在、市民後見人養成研修修了者は64人、市民後見人の受任は36件に至っており、1人で複数の事案を受任している市民も含め、養成研修修了者の半数程度がすでに後見人として活動しています。

　市民後見人が活動するには、①養成研修、②後見支援員、③後見人受任、④後見人活動、の段階を経ることになります。また、活動に際して⑤支援と監督を受けます。以下に、順を追って述べます。

(4) 養成研修

(A) 養成研修の周知

　市民後見人の養成研修の受講者は公募しており、区広報紙、公共施設でのチラシ配布、ポスター掲示などで幅広く研修の周知を行っています。

　研修の応募資格は①年齢25歳以上、②区内在住、③成年後見制度や高齢者・障がい者への理解と熱意があること、④市民後見人として活動できること、⑤原則としてすべての研修に参加できること、としています。

　なお、成年後見業務の養成研修を有する団体の資格（弁護士、司法書士、社会福祉士等）のある方は対象外としています。

(B) 養成研修説明会

　養成研修の受講を希望する方は研修説明会に出席します。

　説明会では、①市民後見人を養成する目的、②研修の内容、③市民後見人活動のしくみ、などを説明します。

　また留意点として、①資格を得られる研修ではないこと、②市民後見人の立場を自己の仕事や活動に利用できないこと、③報酬は期待できないこと、④後見人選任は家庭裁判所が行うので後見人を受任できる保証はないこと、などを伝えています。

以上の点を理解したうえで応募していただきますが、説明会参加者のうち実際に研修に申し込む方は半分程度です。

　(C)　**受講者選考**

　研修応募者は履歴などを記載した申込書と作文を提出します。センターで第1次（書類）と第2次（面接）の選考を行い、受講者を決定します。

　選考を通じて、①市民後見人の役割への理解や意欲、②コミュニケーション力、③相当期間、市民後見人として活動することが可能か、④事務的な力、などを確認しています。

　これまでの受講者に対する応募者の倍率は2.2～3.5倍です。

　(D)　**養成研修**

　養成研修は12日間で50時間、①講義、②演習、③実習を行います。研修の内容（カリキュラム）は区やセンター運営委員会等で検討し、決定しています（図表2－7）。

　研修の講師はセンター運営委員等になっている弁護士、司法書士、社会福祉士の専門職と福祉事業所や区の職員に依頼しています。研修テキストは各講師が独自に用意しており、合計すると500ページを超えます。

　(a)　**講　義**

　法律や福祉の講義を行います。福祉分野では介護保険等の福祉制度の講義とともに、区内にある社会資源を活用して被後見人の身上監護を行えるよう実務的内容を盛り込んでいます。

　(b)　**演　習**

　財産管理のための書類作成や裁判所への報告書の作成、具体的な事例を用いた事例研究等の演習を行います。

　(c)　**実　習**

　専門職等後見人の財産管理実務の見学と本人の訪問の同行を行います。

訪問同行の際は本人（被後見人）の生活に影響を与えないよう注意しています。

　(E)　修了面接

　研修の最後に、受講者から研修の感想等を聞く面接を行います。センターでは、半日を1コマとし、3コマ以上欠席すると未履修にしますが、これまで全員が研修を修了しています（養成研修修了者については図表2－8）。

　将来の市民後見人受任を希望する方はこの時点で「後見支援員」に登録し、次の段階に進みます。

⑸　後見支援員

　(A)　後見支援員の活動

　養成研修修了者は「後見支援員」として、最低1年程度、次のような活動に取り組み、知識・経験の蓄積や意欲の維持を図りながら、後見人受任の機会を待ちます。

　①　専門職等後見人の補助活動　　センター運営委員の専門職等が後見人を受任している本人を訪問する活動です。センターは専門職等と後見支援員との調整を担い、具体的な指示や活動費等のやりとりは両者間で行います。

　②　センターが開催する申立手続説明会の説明員　　センターでは週1回、成年後見制度の申立支援として、成年後見開始の申立てを予定している区民に向けて、家庭裁判所に提出する書類作成の手伝いを行っています。この説明を後見支援員が担います。

　③　成年後見制度の広報活動　　地域包括支援センターや地域イベントで成年後見制度の説明員を務めています。

　④　継続研修等への参加　　高齢者や障がい者に関する福祉制度等をテーマとした研修への参加やセンターとの連絡会、後見支援員の交

▶第2章　市民後見人の養成・支援の実際

〔図表2-7〕養成研修の内容

日	科　目	内　容	講　師	時間
1日目	成年後見人の役割	成年後見制度の理念、役割	弁護士	2.5
	身上監護	成年後見人の身上監護	社会福祉士	2.5
2日目	法律知識（家族法）	相続や扶養に関する法律知識	弁護士	2.5
	知的障害者の理解	知的障害者の理解、サービスの活用	障害福祉事業所職員	2.5
3日目	法律知識（財産法）	消費者被害などに関する法律	弁護士	2.5
	精神障害者の理解	精神障害者の理解、サービスの活用	精神保健福祉士	2.5
4日目	認知症高齢者の理解	認知症高齢者とのコミュニケーション	区職員	2.5
	世田谷区の福祉①	知的障害者、精神障害者のサービス	区職員	2.5
5日目	世田谷区の福祉②	高齢者、介護保険のサービス	区職員	2.5
	介護保険活用法	ケアプラン	地域包括支援センター職員	2.5
6日目	後見業務①	申立事務、財産目録作成	弁護士	2.5
	後見業務②	財産管理事務、家庭裁判所への報告書作成	弁護士	2.5
7日目	〈演習〉受任後の後見事務	後見計画等の事例検討	弁護士	2.5
	医学一般	高齢者に関する医学の知識	看護師	2.5
8日目	〈演習〉コミュニケーション技術	対人コミュニケーション	NPO法人職員	2.5
	活動オリエンテーション	区民後見支援員および区民後見人の活動の流れ	社協職員	2.5
9・10日目	〈実習〉	後見業務の見学（財産管理、身上監護）	弁護士、司法書士、社会福祉士	2回
11日目	〈演習〉家庭裁判所の見学	家庭裁判所見学と事例検討	弁護士、司法書士、社会福祉士	2.5
12日目	修了式、懇談会			

〔図表2-8〕市民後見人養成研修修了者

年　度	平成18	平成19	平成20	平成21	平成22	計
修了者数	19	11	12	9	13	64

流会を年4回程度行っています。また、このほかに障がい者団体の主催する成年後見制度の勉強会などにも参加しています。

(B) 「誓約書」の提出

後見支援員は個人情報に接する機会も多いことから、登録に際して「誓約書」を提出します。

「誓約書」の内容は、①活動にあたってはセンターの指示に従う、②本人（被後見人）の生活や人権を尊重する、③活動で知りえた情報は口外しない、④後見支援員の信頼を損ない誤解を招く行為（業として任意後見業務に携わること等）はしない、⑤故意または重過失による損害の賠償の責めに任じる、などとしています。

⑹ 後見人受任

(A) 市民後見人が受任する案件

現在、区の市民後見人は、原則として、

① 市町村長申立て案件（申立てをする親族がいない方の事案）で、

② 財産・収入が少なく、

③ 身上監護が困難でない、施設入所中もしくは施設入所の見通しがある方

の後見人を受任しています（就任状況については図表2－9）。

(B) 受任の手続

市民後見人選任の事務は、弁護士、司法書士、社会福祉士、区、区社協がかかわりながら、次のように進めます（図表2－10）。

(a) 首長申立案件の検討

区が本人や親族の状況を検討し、区長申立てが必要と判断した案件をセンターに送ります。

(b) 事例検討委員会で案件検討

送られた案件を、センターの事例検討委員会が検討し、成年後見制度

▶第2章　市民後見人の養成・支援の実際

〔図表2-9〕市民後見人就任件数（平成23年5月現在）　　　（単位：件）

年　度	平成19	平成20	平成21	平成22	平成23	計
就任者	4	10	10	10	2	36

※本人の状態：認知症高齢者33件、精神障がい者3件
※類型：後見33件、保佐3件

〔図表2-10〕センター組織図

運営委員会
- 【役　割】センターの運営方針を検討
- 【開　催】年3回程度
- 【構成員】弁護士、司法書士、社会福祉士、医師、民生委員、区、区社協（計8人）

事例検討委員会
- 【役　割】首長申立案件とセンターが受けた困難事例について、成年後見制度利用の方針と後見人候補者の検討
- 【開　催】年11回程度
- 【構成員】弁護士、司法書士、社会福祉士、区、区社協（計20人）

市民後見人選定依頼

運営委員会小委員会
- 【役　割】市民が後見人候補者となった案件への具体市民の選定（マッチング）
- 【開　催】年11回程度
- 【構成員】弁護士、司法書士、社会福祉士、区、区社協（計7人）

センター事務局
- 【事　業】区民相談、法律相談、成年後見制度利用支援、広報、市民後見人養成・支援、関係機関（区、地域包括支援センター）との連携、委員会運営
- 【職　員】所長（弁護士）嘱託1人、相談員（社会福祉士、精神保健福祉士）嘱託3人、職員（日常生活自立支援事業と兼務）常勤2人

利用の方針や後見人候補者を検討します。後見人候補者の検討では、専門職がふさわしいか、専門職ならば法律の専門職か福祉の専門職か、それとも市民がふさわしいかを判断します。

(c) **運営委員会小委員会で候補者選定**

後見人に市民がふさわしいと判断された案件について、運営委員会小委員会が具体的な市民を後見支援員の中から選出します。

選出にあたっては後見支援員としての活動実績、養成研修における実習評価、本人の居所への交通の便、性別や年齢といった本人との相性を考慮しています。

なお、市民後見人候補者の年齢制限は設けていませんが、後見人は本人との十分な年齢差があることが必要である点を踏まえ、個別に判断しています。

(d) **センターから区に候補者推薦**

運営委員会小委員会で選定された市民にセンターから案件の概要を説明して受任の内諾を得たうえで、区に候補者として推薦します。

(e) **申立ての事前面接**

申立人である区、市民後見人候補者、センター等の関係者が後見活動の方針や役割分担などについて確認します。

(f) **区が家庭裁判所に申立て**

区が、市民を候補者として、成年後見の申立てを行います。申立て後、家庭裁判所の調査官面接や鑑定が実施されますが、家庭裁判所の判断で、事案によってはされないこともあります。

(g) **家庭裁判所が後見人を選任**

家庭裁判所が後見人として市民後見人を選任します。これまでは、区が養成したすべての市民後見人の監督人に区社協が選任されています。

平成19年に初めて、区が養成した市民が後見人に選任されるまでには、

区の市民後見人養成研修の内容や受任後も相談体制を整えること、区社協が後見監督人を受任できること等を、家庭裁判所に詳細に説明しました。その後も、家庭裁判所とは活動の問合せや報告書の提出等、きめ細かに連携をとっています。

(7) 後見人としての活動

市民後見人の活動は、親族後見人や専門職後見人と特別に異なるものはありません。ただし、市民後見人が円滑に活動を始められるように、センターが支援しています。

(A) 活動方針検討

市民後見人は、家庭裁判所の審判が確定したら、登記事項証明書を取得し、本人との面会をすることから後見人活動を始めます。また、ケースワーカーやケアマネジャー等の関係者から、親族の状況、財産管理の状況、緊急時や本人死亡時の対応などの情報を集め、センターとともに今後の財産管理・身上監護の方針について再確認します。

(B) 財産の引継ぎ

それまで本人の財産を管理していた人から、預金通帳等の財産関係書類を引き継ぎ、財産管理を始めます。必要に応じてセンターが立ち会います。

(8) 支援と監督

世田谷区では、市民後見人の活動支援はセンター、監督は区社協と、「支援」と「監督」の役割を分担しています（図表2—11）。市民後見人を養成したセンターとは別の視点で、区社協が監督業務を行うべきという考えからです。

(A) センターが行う活動支援

センターは、雇用等といった法的関係が市民後見人との間にあるわけではありませんが、多岐にわたる支援をしています。

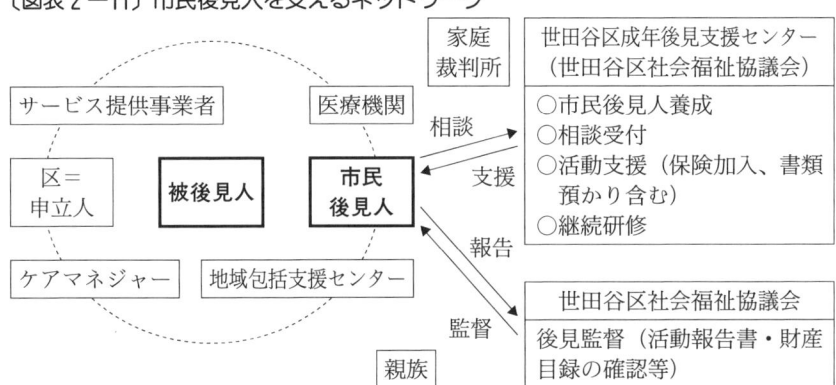

〔図表2−11〕市民後見人を支えるネットワーク

```
サービス提供事業者    医療機関     家庭        世田谷区成年後見支援センター
                              裁判所       （世田谷区社会福祉協議会）
区＝                  相談       ○市民後見人養成
申立人   被後見人  市民              ○相談受付
                  後見人   支援    ○活動支援（保険加入、書類
ケアマネジャー  地域包括支援センター              預かり含む）
                              報告       ○継続研修
                      親族     監督
                                    世田谷区社会福祉協議会
                                    後見監督（活動報告書・財産
                                    目録の確認等）
```

(a) 相談受付

　市民後見人が活動していく中で困ったことが生じた場合は、センターに相談します。センターでも対応が困難な相談は、センターを通じて専門職に相談することもできます。この相談体制があるので、市民後見人は安心して後見活動をすることができます。

　また、センターでは、これまでの相談事例を踏まえた「活動マニュアル」を作成し市民後見人に配付しています。

(b) 関係者との面談の立会い

　市民後見人が、本人の入所施設関係者や親族等に面談する場合、市民後見人の求めに応じてセンターが立ち会っています。

(c) 重要書類の預かり

　本人の通帳等の重要書類は市民後見人が保管するのが原則ですが、市民後見人の求めに応じて、センターが契約する貸金庫で預かることもできます。

(d) 保険加入

　世田谷区の市民後見人は、賠償責任保険に加入しています。保険によ

って補償されるのは、市民後見人が本人や第三者の身体や財物へ損害を与えたり本人への名誉毀損・プライバシー侵害をしたりしたことによって、市民後見人に法律上の賠償責任が生じた場合などです。支払限度額は対人1名で1億円などとなっています。

　保険料は、市民後見人の報酬が低額であると考えられることから、現在はセンターが負担しています。

　　　(e)　継続研修等への参加

　市民後見人受任後も後見支援員という立場は継続するので、前述の後見支援員の継続的な研修等に参加することができます。

　　(B)　区社協が行う監督業務

　区社協が行う監督業務には、後見監督人としての後見活動の監督と、緊急時の対応があります。

　　　(a)　活動の監督

　市民後見人は就任後、初回報告として、財産目録と年間収支予定表を作成して家庭裁判所に報告しますが、この報告書は、まず後見監督人である区社協に提出して確認を受けます。

　また、センターでは市民後見人に対し、月に1回は本人を訪問するよう助言していますが、訪問後に、本人の状況などを区社協に報告してもらいます。

　さらに、市民後見人に対して、受任1年目は3カ月に1回、受任2年目以降は半年に1回、財産目録と収支状況報告書の提出を求めています。区社協は、市民後見人が本人の身上監護を十分に行えているか、財産管理は適切かなどを確認して、市民後見人の事務の状況に誤解などがみられた場合は、適正な取扱いがされるように指導します。

　市民後見人は、受任してから1年後に、家庭裁判所へ報告書を提出することになります。この報告書も、まず区社協に提出して確認を受けて

います。区社協は、報告書の内容確認等をしたうえで、監督業務の報告を家庭裁判所に行います。あわせて、市民後見人と面談し、活動内容の確認や後見活動における課題等を話し合います。

　受任して2年目以降は、市民後見人は後見活動と区社協への報告を、区社協は監督業務と家庭裁判所への報告を続けていきます。

　なお、監督業務の中で区社協が判断に迷うような問題が生じた場合は、家庭裁判所やセンター所長（弁護士）等の専門職に相談しています。

(b)　緊急時の対応

　本人の状況に急変があり、市民後見人が旅行中等の理由でただちに対応できないときは、後見監督人である区社協が対応します。この点も、市民後見人が安心して受任できる理由の1つになっています。

　夜間や休日など区社協の運営時間外にそのようなことが生じたときは、区社協が契約する電話取次業者に連絡すると、業者から区社協職員の自宅等に連絡が入るしくみになっています。

　また、これまでは事例はありませんが、市民後見人がやむを得ない理由により後見活動を継続することが困難となった場合は、その市民後見人の辞任許可の申立書の提出とあわせ、センターが推薦する市民を後任の後見人候補者として、区社協が家庭裁判所に後見人選任の請求をすることになるでしょう。

(c)　**市民後見人の活動規範**

　市民後見人の活動の規範となるのは、他の後見人と同様に法律です。

　同時に、区の市民後見人は「世田谷の市民後見人の一員」という意識がありますので、前述した後見支援員の「誓約書」に記載された「後見支援員の信頼を損ない、誤解を招く行為はしない」等が、事実上活動規範の1つになっています。

　なお、万が一、市民後見人に不適切な行為が認められたときは、後見

監督人として、区社協が必要な対応をすることになります。

ただし、行うべきは不適切な行為を未然に防止することです。そのためには、監督業務とともに、市民後見人がいつでも相談を受けられる体制や、市民後見人同士が悩みを話し合える機会を設けるなどの環境を整えることが大切であると考えています。

(9) 課題と対応

(A) 市民後見人活動における課題

多くの市民後見人が受任後に直面する課題として次のようなものがあります。

(a) 医療同意

本人が手術を受ける必要が生じた場合、市民後見人が、医療機関から医療行為についての同意を求められることがあります。

センターでは、市民後見人に対し、後見人には医療同意権がないことを医療機関に説明したうえで医師の説明を十分に聞くように助言しています。

(b) 施設の身元保証

本人が施設に入所する際、市民後見人が身元保証を求められることもあります。

センターでは、市民後見人に対し、本人の財産状況から施設利用料等の支払いに問題はないこと、入所中や死亡時の対応に誠意をもって協力することを施設に説明するよう助言しています。区職員が立ち会って、このような内容の確認書を取り交わすこともあります。

(c) 死後事務と親族との関係

本人死亡後、本人の財産は市民後見人から親族に引き継ぎ、葬儀の執行等の祭祀は親族が行うのが原則ですが、世田谷区の市民後見人が受任しているのは首長申立案件であることから、対応してくれる親族がいな

い場合も少なくありません。

　死後事務は後見人の職務ではないとはいうものの、実務的にはかかわらざるを得ない場合もあるのが実情です。

　このような場合の対応としては個別的・具体的に判断せざるを得ませんが、可能な範囲で親族や本人が入所していた施設の協力を求めながら、葬儀等は極力簡素な対応をするように市民後見人に助言しています。

　　　(d)　報酬付与の申立て

　世田谷区の市民後見人は、家庭裁判所に報酬付与の審判を申し立て、報酬付与の審判があれば市民後見人個人が報酬を受け取っています。この点はセンター内でも議論がありましたが、報酬という形で市民後見人の活動が認められることに意義があるという意見でまとまったものです。

　　(B)　センターの課題

　市民後見人受任後、申立て時には明らかでなかった本人の財産や負債等が発見されることも珍しくありません。こうしたマニュアルにない事態への対応をはじめ、さまざまな相談が、市民後見人からセンターに寄せられます。

　市民後見人の受任件数が36件という現状ではこのような体制で対応していますが、これから市民後見人が増えていったときに備えたセンターの体制整備が課題となっています。後見監督人である区社協の体制も同じ課題を抱えています。

　この課題は、市民後見人やセンター運営委員、区と協議しなければなりませんが、経験を積んだ市民後見人がさらに力を発揮できる方向性を求めるなど、世田谷区ならではの市民後見人像を模索しながら解決していきたいと考えています。

（世田谷区社会福祉協議会　小渕　由紀夫）

▶第2章　市民後見人の養成・支援の実際

③　品川区における市民後見のしくみ

(1)　品川区の概況と市民後見導入の経緯

(A)　品川区の概況と成年後見制度の潜在的利用者

　品川区は、平成23年4月1日現在、総人口35万2468人、65歳以上の高齢者数7万26人、高齢化率19.87％、推計上の認知症高齢者数は約4400人という状況となっています。また、平成23年4月1日現在、愛の手帳（療育手帳）保有者1495人、保健所で把握している精神障害者保健福祉手帳保有者1304人となっています。区内の成年後見制度の潜在的利用者は約7200人に及んでいることになります。

(B)　法人後見の実施状況等

　品川区では、平成14年6月、権利擁護に関する事業を専門的に担う機関として、品川区社会福祉協議会（以下、「区社協」といいます）に品川成年後見センター（以下、「後見センター」といいます）を設置しました。

　後見センターでは、判断能力が不十分なため何らかの支援が必要な人のために、成年後見制度や日常生活自立支援事業を重層的かつ柔軟に活用する品川独自の方式を採用することにしました。すなわち、判断能力が不十分ですぐに支援を必要とする人に対しては、老人福祉法32条、知的障害者福祉法28条、精神保健福祉法51条の11の2に基づく区長申立てを行い、区社協が法人後見人として受任していくこととし、将来に不安を感じている人に対しては、日常生活自立支援事業を発展させた「あんしんサービス」契約と任意後見契約を組み合わせて行うというものです。

　後見センターは、品川区と区社協とで役割分担をするというしくみの下で、後見実施機関として、発見・相談から後見受任までを一貫して担うワンストップセンターとして存在しています。

　特に、後見センターでは、法人後見人としての特性・特徴を自認し、

可能な限り後見等の受任をしています。すなわち、法人後見人は、自然人の後見人と比較して、継続的・長期的な後見等が可能となり、多様な事案にも対応できるなどのメリットを有しています。さらに、区社協による法人後見ということから、行政との密接な関係や財政基盤の安定度があることや地域からの信頼を得ていることなども加わります。

　平成19年3月からは、成年後見開始の申立ての意思を有する親族が、遠隔地に住所を有していたり、高齢・疾病等の理由で申立手続をすることが困難な場合に、当該親族と区社協との委任契約に基づき、無償で親族申立ての代理を行っています（代理申立て）。

　品川区は区長申立てを積極的に行い、区社協は身寄りのない方に対する法人後見人としての役割を果たし、代理申立てをも行うことにより、区内の認知症高齢者や障がい者のためのセーフティネットを協働して張っているわけです。

　区社協は、法定後見159件と任意後見5件、合計164件の後見人を受任しています（図表2—12）。

(C)　市民後見人の活用開始

　品川区と区社協とは、平成17年度に東京都が実施した社会貢献型後見人養成事業への参加を決定し、また、平成18年3月から区内でも独自の市民後見人養成事業をNPO法人品川市民後見人の会と共催し、市民後見人の育成と活用に着手しました。

　この背景には、区社協が、自らの法人後見受任により得た経験、ノウハウ等を踏まえ、後見監督人の受任を検討していた時期でもあったこと、区内での第三者後見人候補者の確保に危惧感を持っていたことという事情もあります。

　区内で成年後見制度の認知度が高まるにつれ、後見ニーズはますます多くなり、しかもきめ細かい見守りを中心とした身上監護を展開する必

▶第2章　市民後見人の養成・支援の実際

〔図表2-12〕品川成年後見センターの法人後見受任件数内訳(平成14年度〜23年度)
① 法人後見・法人後見監督の受任・終了件数　　　※平成23年7月29日現在

	受任件数	申立て別	件数	終了件数	申立て別	件数
法人後見	164	区長申立て(高齢)	88	32	区長申立て(高齢)	23
		区長申立て(障がい)	9		区長申立て(障がい)	0
		代理申立て	60		代理申立て	7
		親族申立て	1		親族申立て	1
		任意後見受任者	5		任意後見受任者	3

	受任件数	後見人種別	件数	終了件数	後見人種別	件数
法人後見監督	37	東京都社会貢献型後見人	23	4	東京都社会貢献型後見人	2
		NPO法人市民後見人の会の後見人	10		NPO法人市民後見人の会の後見人	1
		NPO法人東京市民後見サポートセンターの後見人	2		NPO法人東京市民後見サポートセンターの後見人	0
		親族	2		親族	1

② 年度別受任件数

年度	法人後見(法定後見) 受任	法人後見(法定後見) 終了	法人後見監督 受任	法人後見監督 終了	任意後見人 選任済	任意後見人 終了
平成14	1	0	0	0	0	0
平成15	6	0	0	0	0	0
平成16	6	2	0	0	0	0
平成17	12	3	0	0	1	0
平成18	16	4	0	0	0	0
平成19	25	7	0	0	3	0
平成20	25	1	7	1	1	1
平成21	21	5	11	0	0	0
平成22	28	5	14	2	0	2
平成23	19	2	4	1	0	0
合計	159	29	36	4	5	3

要性を痛感しました。そこで、後見人の担い手として市民に注目したのです。

　しかし、当初は、一般市民による財産管理の安全性や補償能力に対しての不安や懸念も否定できないことから、区や区社協が市民後見人の養成や活用に関与することはリスクが大きいという指摘がありました。また、専門職後見人の場合は、法律に抵触する行為や信用失墜行為等がされた場合には、所属する団体の懲戒手続により、除名、業務停止等のペナルティーを科せられる根拠法令（弁護士法57条、司法書士法48条）や内部規程がありますが、それと比較して、市民後見人の場合には、そのような根拠法や内部規律を存在させることが不可能と思われるため、社会からの信頼性を得られにくいと問題視されました。

　結局、区社協が、市民後見人養成事業やその後の育成に直接的に関与すること、そして後見監督人になることで、被後見人、家族、地域社会に対して安心を担保できると考え、さらに安心・安全を高めるための支援策の拡充を視野に入れ、市民後見人の養成と活用に踏み切ることになりました。

(2)　市民後見人の養成・実務研修・受任等の状況

　品川区では、東京都の社会貢献型後見人養成事業の社会貢献型後見人、品川市民後見人の会およびNPO法人東京市民後見サポートセンターに所属する市民を、市民後見人としています。

　市民後見人に対する実務研修と後見人としての受任等の状況は、次のとおりです。

　なお、区社協では、実務研修を重視しています。この期間中に身上監護による支援の重要性と必要性を実感してもらい、本人の意思を尊重するための具体的な対応やノウハウを修得するようにしているのと同時に、この実務研修を通じて市民後見人候補者としての適格性の判断を行って

います。

　(A)　**社会貢献型後見人**

　東京都が実施している社会貢献型後見人養成講座の修了者は、区社協に登録し、後見センターの支援員として実務研修を積み、その後に後見人候補者となり、家庭裁判所の選任を受けます（図表2―13）。内訳は次のとおりです。

　①　実務研修中　　18名（他区から受け入れている5名を含む）
　②　後見人候補者（申立手続中）　　2名
　③　後見人受任中　　23名

　(B)　**品川市民後見人の会**

　品川区では、区社協と品川市民後見人の会の共催による市民後見人養成講座を開催しています。修了者のうち、実務研修希望者が区社協に登録し、後見センターの支援員として実務研修を積み（図表2―14）、その後に後見人候補者として申し立てられ、家庭裁判所から選任を受けます。市民後見人養成講座は、毎年度42時間（6日間）の研修を行い（図表2―15）、4年間の総修了者は約200名となっています。登録者の現状は以下のとおりです。

　①　実務研修中　　18名
　②　市民後見人養成講座修了者のうち、実務研修している者の所属する品川市民後見人の会が地域での後見活動を担う。
　　ⓐ　後見人（法人後見の担当者を含む）受任中　　9名
　　ⓑ　後見人（法人後見の担当者を含む）候補者（申立手続中）　　2名

　(C)　**東京市民後見サポートセンター**

　社会貢献型後見人養成講座修了者および市民後見人養成プロジェクト（2008～2010年度）の講座修了者で結成された東京市民後見サポートセンターのメンバーが区社協に登録し、後見センターの支援員として実務研

▶ 3 品川区における市民後見のしくみ

〔図表 2 －13〕東京都社会貢献型後見人養成事業と区社協との連携

[東　京　都]

養成講座参加希望者の募集
①品川区等への推薦依頼　　②一般への募集

オリエンテーションの開催

書類選考面接

養成講習（基礎編・専門編）の開催

養成講習修了証の交付、推進機関等への紹介

現支援員の中から適任者を選定し推薦する

[品川区、品川社協]

成年後見センター支援員として登録

市民後見人の実務研修（支援員として活動）

区長申立てや代理申立てで、金銭的に余裕のないために専門家に依頼することが困難な事例の後見人候補者とする。

支援体制
①区長申立てや代理申立てで、区社協が後見監督人候補
②区と区社協とのネットワークによる連携・支援への関与

[支援員]

〔図表 2 －14〕区社協と市民後見人の会との連携

[区社協、市民後見人の会]

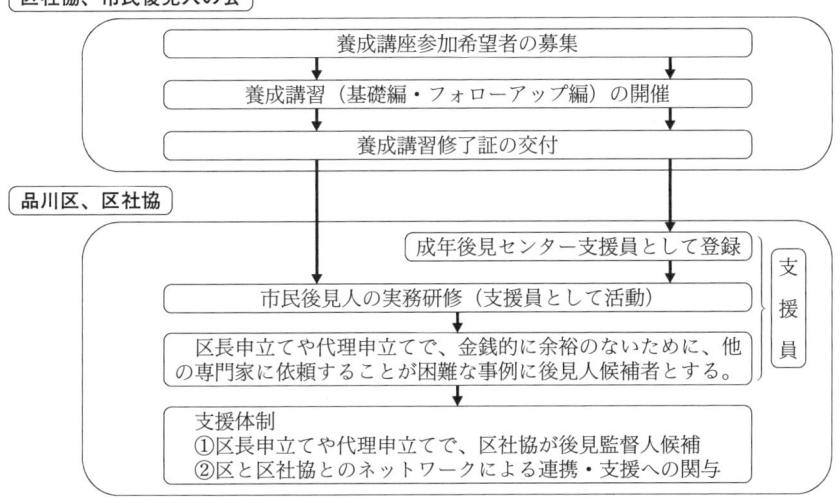

養成講座参加希望者の募集

養成講習（基礎編・フォローアップ編）の開催

養成講習修了証の交付

[品川区、区社協]

成年後見センター支援員として登録

市民後見人の実務研修（支援員として活動）

区長申立てや代理申立てで、金銭的に余裕のないために、他の専門家に依頼することが困難な事例に後見人候補者とする。

支援体制
①区長申立てや代理申立てで、区社協が後見監督人候補
②区と区社協とのネットワークによる連携・支援への関与

[支援員]

▶第2章　市民後見人の養成・支援の実際

〔図表2－15〕品川区市民後見人養成講座の研修内容

> 《講義》
> 　成年後見制度、制度をめぐる法律のしくみ、福祉・介護制度の理解、市民後見人の役割と倫理等
> 《フォローアップ研修》
> 　福祉の現状（品川区）、申立手続の実務、事例研究等

修を積み、その後に後見人候補者として申し立てられ、受任となります。その内訳は次のとおりです。

　①　実務研修中　　4名
　②　後見人受任中　2名

(3)　**市民後見人が受任する事案**

　市民後見人は、当分の間、区長申立てや代理申立ての案件について、実務研修での成果や適性を踏まえ、過度の負担とならないように、次の条件で、後見人候補者として申し立てられます。

　①　社会貢献型後見人の場合
　　ⓐ　居所　　施設入所中または入所目前
　　ⓑ　財産管理　　財産は高額でなく管理しやすいもの
　　ⓒ　身上監護　　困難性がないもの
　②　品川市民後見人の会および東京市民後見サポートセンターの市民後見人の場合
　　ⓐ　居所　　施設入所・在宅のいずれかを問わない
　　ⓑ　財産管理　　社会生活上で一般的なもの
　　ⓒ　身上監護　　社会生活上で一般的なもの

　なお、区社協は、後見等開始の審判が出された直後に、当該市民後見人候補者と、被後見人やその関係者との面談を設定し、本人の状態や関係状況を確認してもらっています。

(4)　**市民後見人が行っている後見活動**

▶ 3　品川区における市民後見のしくみ

〔図表2－16〕後見センターの構成

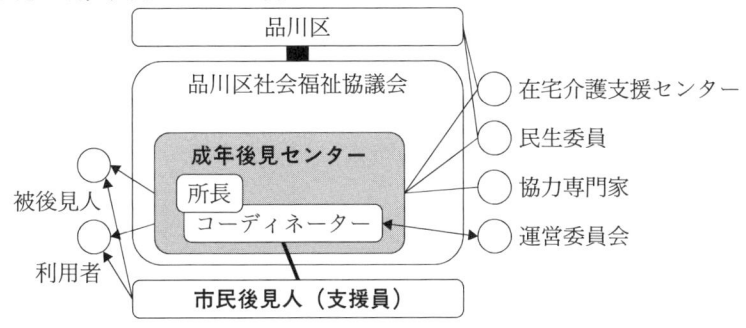

品川区では、市民後見人が実際に後見活動を行う際に、区と区社協の連携を機軸にしたネットワークを構成する在宅介護支援センター、福祉施設、民生委員、各種専門家、関係団体等との連携・協力体制を得られるよう、区社協が積極的に関与しています（図表2－16）。

市民後見人の実際の後見業務は、主に次のものがあります。

〔社会貢献型後見人の場合〕
・定期訪問による本人の心身状況の確保、処遇の監視
・生活費、生活用品等の届出
・入院契約および入院費の支払い
・社会保障給付、公租公課、公共料金等に関連した必要な申請
・監督人への財産目録の提出等

〔市民後見人の会に所属する市民後見人の場合〕
・定期訪問による本人の心身状況の確保、処遇の監視
・生活費、生活用品の届出
・施設情報収集と本人の意思確認
・施設見学の同行
・施設入所契約
・居住用不動産処分の許可申請
・居室の明渡し

- 本人を取り巻く支援関係者との状況確認・連絡・調整
- 社会保障給付、公租公課、公共料金等に関連した必要な申請
- 監督人への財産目録の提出等

⑸ 市民後見人への支援体制のあり方

　市民後見人は、社会貢献の意欲に富み、地域活動の延長として後見活動をとらえている人が多く、後見人としても親身になってきめ細かい活動をすることが期待できます。

　それゆえ、品川区では、市民後見人を、専門職後見人不足を補う存在ではなく、地域で必要とされる新たな第三者後見人として位置づけています。

　しかし、市民後見人が第三者後見人として家庭裁判所から選任されるためには、信頼性の高い支援システムによって専門的に担保されることが必要となります。そのためには、特に行政や社会福祉協議会による公的な支援の存在が前提とならなければなりません。市民後見人の活用を踏まえた区長申立てを活発に行い、社会福祉協議会による監督・支援といったシステムを構築することが前提となります。

　このシステムを実現するためには、まず、市民後見人が地域で活動しやすい環境を整備することが求められます。先に述べたとおり、行政・社会福祉協議会は、医療・保健・福祉等の関係者との連絡調整はもちろん、市民後見人の存在や意義を積極的に地域に発信し、市民後見人が活動しやすいように、周囲の理解を深める啓発・周知といった取組みも必要となります。さらに、資力のない被後見人の事案について、市民後見人の報酬、活動経費、活動に関する保険料等の公的助成も必要です。

　以上の公的支援のあり方を踏まえ、品川区および区社協は市民後見人に対して、次のように実効的な支援を行っているところです。

(A) 社会貢献型後見人への支援

　区社協は、東京都が実施している社会貢献型後見人養成講座の受講を希望する者を発掘し、同講座修了者に対する実務研修を積極的に実施しています。

　また、市民後見人として選任された後も、次のような支援をしています。

① 随時の相談対応と区社協による応急時の連携・協力の実施

② 財産管理面での具体的支援　個人（自然人）による財産管理の安全性や補償能力への不安解消のための支援策を実施しています。

　　ⓐ 区社協が契約している金融機関の貸金庫の利用提供

　　ⓑ 社会貢献型後見人が加入する補償保険の保険料全額助成

③ 研修・交流会の実施

④ 受任事案の本人の財産状況により、区社協による報酬・後見活動経費の助成

(B) 品川市民後見人の会への支援

　品川区は、品川市民後見人の会の養成講座事業等を協同事業として実施し、財政支援を行っています。また、区社協は、同講座修了者の実務研修を担うなどの連携をし、同会に所属する市民が後見人として選任された後も、次のような支援をしています。

① 随時の相談対応と区社協による応急時の連携・協力の実施

② 区社協が契約している金融機関の貸金庫の利用提供

③ 執務・会議の場所の提供

④ 品川区による品川市民後見人の会の事業に対する補助金支給

⑤ 区社協による品川市民後見人の会の制度普及事業に対する助成金支給

⑥ 受任事案の本人の財産状況により、区社協による報酬・後見活動

経費の助成
　(C)　**東京市民後見サポートセンターへの支援**
　区社協は、東京市民後見サポートセンターに対して、上記(B)と同様の支援をしています。
　(6)　**市民後見人に対する監督業務**
　(A)　**後見人受任直後に対する監督業務内容**
　区社協は、後見人に選任された市民後見人との第1回目の監督において、まず後見監督人の職務（民法851条）の説明を行うことにしています。
　また、選任後の市民後見人の業務に関しては、まず、後見人は、被後見人の意思尊重義務、被後見人の心身の状態および生活の状態に配慮する義務がある（民法858条）ので、被後見人との定期的な面談を徹底して行ってほしいことを伝えています。
　さらに、財産管理面では、以下の事項ごとに、具体的な内容を説明しています。
　①　犯罪行為に該当する事項
　②　禁止される事項
　③　原則としてすべきでない事項
　④　協議が必要な事項
　また、「被後見人の基本的な情報管理リスト」を作成するように指示しています。そのリストの項目は次のとおりです。
　①　医療・介護証書等一覧
　②　財産保管物件一覧
　③　生活費管理一覧
　④　後見活動計画一覧
　これらを説明などしたうえで、市民後見人には、後見監督人の立会いの下で、財産調査や財産目録の作成を就任時から1カ月以内（民法853

条2項）で行ってもらうことを説明し、実際に行ってもらいます。残高証明書の請求、紛失している通帳の再発行手続などをするように指示し、不動産権利証、各種証券等の内容確認、貸金庫の開扉に立ち会うなどしています。財産調査・財産目録作成にあたって後見監督人が必要とされているのは、財産調査の結果により正確な財産目録が作成されるようにするためです。

　あわせて、市民後見人が被後見人と面談する際には、後見監督人として同行します。そして、後見監督人自らも、被後見人の意向、状況等の理解・把握を、後見人と共有するようにしています。このことは、市民後見人が疾病や海外旅行などで急迫の事情に対応できないときに、後見監督人によるピンポイントの対応をする場合に極めて有効となります。

　また、後見活動日誌や金銭出納帳への記録、領収証のつづりなどについてはきちんとつけてもらうように依頼し、被後見人の状況や後見活動の内容について報告・説明ができるように心がけてもらっています。

　先述したとおり、選任後の市民後見人に対しては、後見監督人である区社協が、行政の地区担当者、施設の担当者、ケアマネジャー、ヘルパー、病院のソーシャルワーカー、本人のキーパーソンとなっている人、民生委員等に呼びかけ、選任後の市民後見人との顔合わせやカンファレンスを行っています。これにより、本人への的確な後見方針を共有し、今後の円滑な連携を可能にしています。

(B) 後見人就任中に対する監督業務等

　区社協では、選任後の市民後見人に対し、3カ月ごとに後見活動報告や財産目録の提出を求めています。監督にあたっては、財産管理・身上監護について、主に次のような視点のもとに行っています。

① 身上監護

- （被後見人の心身状況の把握には定期訪問が重要であるので）提起訪問の実施日
- 被後見人との会話や身体状況
- 施設の担当者（在宅生活者にはケアマネジャー、ヘルパー）との会話・情報交換の状況
- 住居の環境の変化、入所先・入院先での本人の意向等

② 財産管理
- 当初または前回との収支の変化がわかる財産目録、通帳、金銭出納帳、請求書、領収証等の内容確認、手許現金の額の提出・提示

　これまでは、市民後見人は、いずれも監督人からの指摘に留意して、期待どおりのきめ細かい見守りを行っています。

(C) 市民後見人の後見報酬

　選任後の市民後見人受任事案のうち、被後見人の収支バランスを判断したうえで、後見人・後見監督人の報酬付与の申立てをそれぞれ東京家庭裁判所に行い、その審判を得ています。

　しかし、被後見人の資産における収支を考慮すると、報酬付与の申立てを断念せざるを得ない事案もあります。そういった場合に対応するため、先述した区社協独自の後見人報酬等助成事業によって、選任後の市民後見人の報酬付与が可能となるようにしています。

　区社協では、市民後見人が単なるボランティアや臨時的なものではなく、被後見人の権利を擁護するために継続的に活動する存在と認識していることから、報酬付与に関する公的支援策として、この助成制度を整備したものです。

(7) 直面する課題と解決に向けた方策

(A) 事案の困難化

　当初は、被後見人の資力もなく比較的取り組みやすいと思われた事案

でも、途中で困難事案になる可能性があります。実際に起きた2つの事例を以下に示します。

《事例A》
　本人の親族が遠方に住んでおり、本人ともさほど交流がなく、関与が期待できない状況があったので、区長申立てによって、市民後見人および区社協を、それぞれ成年後見人および成年後見監督人とした事案です。後見人が選任されるまでに、本人は施設入所の見込みとなっていました。当初確認できた預貯金は少額であったことから、年金収入によって施設利用料を賄うという後見計画が立てられました。入院といった事態が近々に起きなければ、十分に可能でした。
　後見開始後、市民後見人が財産目録作成のため本人の預貯金残高証明書を取り寄せたところ、本人の認知症がかなり進行していた申立ての直前に、本人の住所地外で、連続して預金が引き出されている事実が発見されました。調査の結果、親族による引き出しがされていたことがわかったのです。そこで、親族と市民後見人とが話し合うこととなり、区社協も後見監督人として同席しました。その場で、親族が引き出した金額を本人に弁済する内容の契約書を作成し、三者が署名・押印をしました。その後、親族からの弁済を受けて、解決につながりました。

《事例B》
　在宅で生活を送っていた認知症高齢者について、姪の依頼により区社協が代理申立てをし、市民後見人が成年後見人、区社協が成年後見監督人となった事案です。本人は穏やかで慎重な性格であり、行動も限られた生活圏内で、毎日午前・午後2回の介護サービス利用、近隣の支えなどといった見守りもある、比較的取り組みやすい事案と思われていました。
　ところが、本人が所在不明となる事態が生じました。このようなことは、

▶第2章 市民後見人の養成・支援の実際

過去に一度もなかったのです。

　ある日、午前10時頃にヘルパーが自宅を訪ねたところ、本人は不在でした。近隣の人に確認したところ、午前8時頃に本人が玄関から出てきた際に挨拶を交わしたとのことで、本人は、近くを散歩するような様子でいたということでした。そこで、本人がいつも散策しているコースを探したのですが、発見できません。この連絡が市民後見人に急報されました。

　市民後見人は、すぐに後見監督人である区社協に報告し、区社協は、近隣の警察への届出、姪その他関係者への連絡などの有無について確認・対応しました。その後も被後見人を発見できなかったので、区の福祉関係部署とも連携し、被後見人の顔写真や当日の服装などの情報を区内の福祉法人や19カ所の在宅介護支援センターに知らせ、応援要請をしました。さらに、夜間時の対応のため、夜間勤務者がおり、24時間体制がとられていることから、本人のケアマネジャーが所属する福祉法人（施設）を連絡拠点とすることにしました。そして、警察署にも正式に捜索願を届け出ました。結局、その日は見つかりませんでした。

　市民後見人と区社協は連絡を取り合い、これまでの生活歴から友人、知人、菩提寺など、考えられる立ち回り先に連絡をとり、引き続き関係者との連携に努めました。

　翌々日、自宅から4km先の公園で、本人が保護されました。体力が弱っていることからショートステイを利用して回復をめざすこととしました。

　このような出来事がありましたが、その後も、在宅で生活したいという本人の希望を尊重し、施設入所を急ぐことはせず、ヘルパーの訪問時間帯の検討やデイサービスの利用回数の増加などによって同じ事態の発生を防ぐことにしました。また、GPS機能付きの携帯通信端末を利用することとしました。

　事例Aでは、市民後見人と後見監督人（区社協）との身近で円滑な関係により、問題が解決に結びついたといえます。事例Bでは、市民後見

人が、区社協の持つ地域でのネットワークを活用して問題に対応しました。しかし、これらの事例のほかにも、市民後見人が選任された後に間もなく相続問題が生じた事案もあります。

こういった事例のように、申立てや選任時の事情だけからみれば比較的平易と思われる事案であっても、途中で困難化することが往々にしてあります。こういった事態に対応するためにも、市民後見人のバックアップ体制は必要となるのです。

(8) 地域を支える市民後見人

品川区では、市民後見人の養成事業や実務研修を積極的に進め、区社協の後見監督人との組合せにより、市民後見人による受任実績を確実に蓄積していこうと考えています。区社協は、市民後見人のよさである、本人の身近なところで生活を支援するという役割を発揮してもらうために、在宅の認知症高齢者事案や障がい者事案など、多様な事案を受任できるよう、市民後見人を支援していきます。

市民後見人の積極的な活用は、地域の後見ニーズに適(かな)うだけでなく、福祉の街づくりに向けた効果を期待することもできます。すなわち、市民後見人は、成年後見制度の運用に役立つにとどまらず、地域コミュニティを新たに生み出すことにもつながっていくものだと思います。

ですから、各自治体や後見実施機関として期待される社会福祉協議会は、潜在化した後見ニーズの把握に努め、市民後見人をはじめとするさまざまな社会資源を有効に活用して、ネットワーク化することが求められているのです。

(品川区社会福祉協議会品川成年後見センター　齋藤　修一)

コラム　NPO法人品川市民後見人の会の活動

「NPO法人市民後見人の会」は、東京・品川区を中心に活動しているNPO法人です。地域住民がボランティア精神を発揮して認知症高齢者ら

▶第2章　市民後見人の養成・支援の実際

後見を必要とする人の生活支援・身上監護・財産管理などを行い、被後見人の「個人の尊厳」と「自己決定」に対する認識を高め、それを支援する「市民後見人」の育成を進めています。これまでに認知症高齢者10人の成年後見人、保佐人を受任しています。ここでは、そのささやかな実践を踏まえながら、市民後見人に関する私たちの考えと活動の一端を紹介します。

　介護保険制度とともに高齢社会を支える車の両輪として2000年に誕生した成年後見制度は、日本の風土になじみにくいのか、介護保険制度のようには普及していないのが現状です。しかし、認知症高齢者だけでも200万人を超え、その数は今後さらに増えるとされており、制度の普及は急務です。弁護士、司法書士、社会福祉士など「専門職後見人」と呼ばれる専門家は、成年後見のニーズに比べると圧倒的に少なく、市民による相互扶助的な活動が必要であって、それなしには認知症高齢者らは十分な支援を受けられないといえます。

　高齢者問題を扱う高齢社会NGO連携協議会（略称：高連協）は、平成17年度、各地で「市民後見人養成講座」事業をスタートさせました。養成講座の修了生が、地域で、後見を必要としている人を支援することを目的としたものです。また、団塊の世代の人たちが、その生活の大部分を「企業」から「地域」に移動してくるという時代背景の中で、その人たちも、社会に貢献し、生き生きした人生を送ることができる、という視点もありました。

　当時、高連協役員の中に品川区在住者が3人おり、賛同者を増やしながら養成講座を開催し、受講修了者有志とともに、平成18年に任意団体「市民後見人の会」を結成しました。そして、平成20年1月にNPO法人として認証され、後見人受任をめざして本格的な活動に入ったのです。

　幸いなことに、品川区は他自治体に先駆けて後見活動を積極的に進めており、その中心的存在である品川成年後見センターと協働関係を築き、同年8月には、女性高齢者を成年被後見人とし、市民後見人の会を成年後見人、品川区社会福祉協議会を成年後見監督人とする決定が東京家庭裁判所

でなされました。それ以後、これまでに10件の成年後見人・保佐人を受任し、活動を行っています。また、会員の中には、品川成年後見センターが法人後見人になっている事案の支援員として後見関連実務をしている人もいます。

　平成21年度には、品川区との協働事業として、2回の養成講座開催と、区内全域で19回の後見制度普及ビデオ上映会を行いました。こうした活動は、手づくり・試行錯誤の連続ですが、うまくいかなければ専門家に学び、また、さまざまな人生・職歴を持つ会員間の創意工夫で取り組んでいます。

　市民後見人の会では、将来的に、品川区内の地域包括支援センターごとに活動地域を細分化し、きめ細かい後見活動を永続的に行っていくシステムを作り上げたいと考えています。また、区外の会員には、自らの生活地域で同様の組織をつくって活動してほしいと望んでいるところです。

　市民後見人の会の会報「市民後見人」2号に、「この運動が、品川の地を振り出しに全国各地へ燎原の火のごとく広がっていけば、世界に例のない少子高齢社会にもまた明るい未来が展望できるのではないかと考えます。まさに大河の一滴ではありますが、焦らず着実に大地に根ざした活動をしていきましょう」と書かれています。発足当時の昂揚する思いがうかがえますが、それから時を経て、市民後見人の活動がいっそう必要とされているのではないかと考えています。

（NPO法人市民後見人の会　古賀　忠壹）

4　知多半島における市民後見のしくみ

(1)　知多半島の概況

　愛知県の南に位置する知多半島は、10の市町から成り立っています。ここで、行政から委託を受けたNPO法人知多地域成年後見センター（以下、「知多センター」といいます）が、半島の権利擁護のために活動しています。

▶第2章　市民後見人の養成・支援の実際

　知多半島は、半田市・常滑市・東海市・大府市・知多市・阿久比町・東浦町・南知多町・美浜町・武豊町から成り立っており、総人口約61万人、総面積390km²、年間予算規模は（一般財源で）約2000億円となっています。

(2)　知多地域成年後見センター設立までの経緯

　知多半島には、知多センター設立以前から、知的障がいの法人後見をしているNPO法人「地域福祉サポートちた」（以下、「サポートちた」といいます）がありました。「サポートちた」の実践と社会福祉協議会の社会的信用が、知多センターを形にしたのだと思います。

　平成15年、グループホームで暮らす知的障がいのある若者の母親が、ガンで余命半年という事態が起こりました。今後、適切な福祉サービスは受けられるのか。悪質商法にだまされて高額な買物をしたりしないだろうか。

　関係者で協議をした結果、こういったさまざまな課題に対し、知的障がいのある人の「親なき後」を支えていくには成年後見制度の利用が必要だという結論になりました。そして、この知的障がいの若者を支援している団体の理事長、グループホームの担当者、ガンの親、知的障がいの本人などが集まり、名古屋の弁護士事務所で、誰が後見人になるのか、話合いをしました。

　認知症高齢者の場合、子どもが後見人になることが多いのですが、障がいのある方の場合、支援者（親）が先に亡くなることが多く、そのとき、誰に支援者・後見人を委ねるのかということが問題になります。

　今回のような場合、親としては、日頃から関係のある事業所の理事長に後見人となってほしいと考えるかもしれません。しかしこれは、事業所の理事長と本人が利益相反の関係になるので適切ではありません。たとえば、その事業所が業績不振に陥ったときに、被後見人へのサービス

量を、必要性がないにもかかわらず増やすことで、本人・行政からサービス利用料を多く受け取るかもしれないのです。それでは、弁護士などの専門家が後見人としてふさわしいのでしょうか。しかし、知的障がいのある若者に多くの資産はなく、報酬を支払うことは難しそうです。また、今の時点では、日々の後見業務を行うのに弁護士は必要ありません。消費者被害にあったとか、遺産争いに巻き込まれたなどといったトラブルが起きた場合には、弁護士や司法書士に対応を依頼する必要はありますが、日常生活を普通に送っているときには、後見人が専門家である必要はないと思われます。いざというときに連携さえとれていればよいのです。

それでは、誰が後見人にふさわしいのでしょうか。若者が人生を全うするまでの長い期間を個人で支えるのはあまりにも責任が重大です。また、人は、善人であり続ける保証はなく、いつ魔がさして悪人になるかもしれません。

そこで、次のような形にたどり着きました。

まず、①継続性、②複数の眼による監視体制を持つべき、という2つの観点から、個人後見よりも法人後見が適切ではないか。そして、法人後見を受任する組織として、利益相反の立場に立つことのない団体が適切ではないか。この条件に該当したのが、「地域で誰もが自分らしく生きていくことを支援する」をミッションとする「サポートちた」でした。

「『サポートちた』が完璧だとはいえませんが、とにかくやってみましょう。やりながら修正していきましょう」という弁護士の意見に、強く背中を押されたのです。時間もありませんでした。母親の命はあと半年、新しい組織をつくっている時間もありません。こうして、知多半島での実践が始まったのです。

この事案は、後見で申し立てたところ、類型が変更されて保佐になり

▶第2章　市民後見人の養成・支援の実際

ました。支援者側は、後見ではなかったことで、「支援をするのが大変」と思ったのですが、よく考えてみると、本人にとってはよい制度なのだと気づきました。権利を過剰に奪うことなく、足りないところを補う制度です。他方で、支援者側の大変さも、よくわかりました。

その後、資産の少ない方について成年後見による支援を行うためには資金が必要だとして、行政に対して資金援助を訴えましたが、「成年後見を必要としている人はそれほどいない」という返事でした。

平成18年秋頃、半田市の社会福祉協議会が法人後見に取り組むことを考えているという動きが出てきました。知多半島で成年後見センターを設立しようと考えているところでもあり、平成19年3月末、成年後見センターの先進地である岐阜県多治見市へ、5市5町の行政、「サポートちた」、社会福祉協議会で視察に行きました。同年5月からは、5市5町の成年後見による委託事業を考える会議が始まり、平成20年2月に知多センターが設置されました。そして、同年4月から、知多センターに業務を委託することになったのです。

(3) 知多地域成年後見センターのしくみ

(A) 財　政

知多センターは、平成20年4月より、知多半島5市5町の行政より委託を受けて、2400万円の交付金のもとで事業を行っています。事業拡大により、平成23年度の交付金は2800万円になっています。この委託事業の交付金が知多センターの収入の8割以上を占めており、後見報酬は1割にも満たないものとなっています。

(B) 体　制

知多センターは、社会福祉協議会と、知的障がい者の法人後見を受任していた「サポートちた」とが一緒になって、地域の権利擁護のために立ち上げたものです。もともと市民活動が盛んな地域であるという特徴

があったことから出来上がったといえます。

　知多センターは、現在、半田市と知多市の2カ所に事務所を置いています。半田後見事務所が南の1市4町を担当し、知多後見事務所が4市1町を担当しています（図表2―17）。正規職員5人、臨時職員1名、非正規職員3人、非正規支援員1名の10名体制で業務を行っています。

　知多センターの適正な運営を支えているのが、各種の委員会体制です（図表2―18）。

　まず、運営委員会という10市町の課長相当の職員と法人（知多センター職員）で構成される委員会があります。3カ月に1回開催され、成年後見の利用促進や交付金額について協議するなど重要な場になっています。知多センターの業務内容の詳細も、ここで市町に報告しています。

　次に、運営適正化委員会を設置し、成年後見事務等の適正な執行を担保する体制をとっています。これも3カ月に1回開催しています。構成メンバーは、愛知県弁護士会の高齢者・障がい者総合支援センター（アイズ）に所属している弁護士、公益社団法人成年後見センター・リーガルサポート愛知支部から司法書士、愛知県社会福祉士会から社会福祉士、愛知県精神保健福祉士協会から精神保健福祉士などです。

　知多センターの運営全般については、理事会において協議しています。なお、知多センターの理事は、学識経験者、司法関係者、福祉関係者、「サポートちた」関係者等となっています。ここでは、特に利益相反に注意しながら協議しています。

　(C)　**受任状況**

　知多センターが法人として受任している件数は、これまでに86件となっています（図表2―19）。また、寄せられた相談は、平成22年4月1日から現在までの間に3000件を超えています（図表2―20）。

▶第2章 市民後見人の養成・支援の実際

〔図表2-17〕知多地域成年後見センターの事務所と担当地域

〈半田後見事務所〉
　事 務 所：雁宿ホール（半田市）
　担当地域：阿久比町、半田市、武豊町、美浜町、南知多町
〈知多後見事務所〉
　事 務 所：知多市福祉活動センター（知多市）
　担当地域：東海市、大府市、知多市、東浦町、常滑市
　　　　　※担当地域は、社会福祉協議会が実施する日常生活自立支援事業
　　　　　　（旧地域福祉権利擁護事業）と同じ。

〔図表2-18〕知多地域成年後見センターの概念図

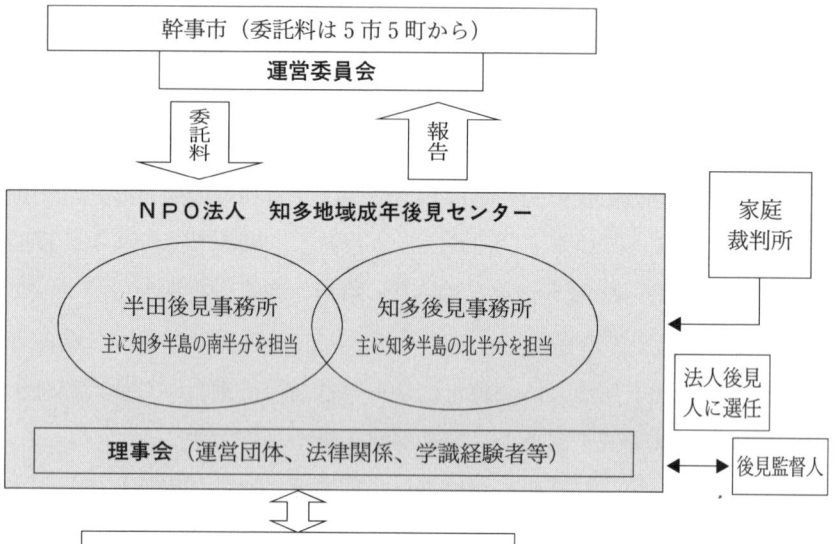

幹事市（委託料は5市5町から）
運営委員会

↓委託料　　↑報告

NPO法人　知多地域成年後見センター
　半田後見事務所　　　　知多後見事務所
　主に知多半島の南半分を担当　主に知多半島の北半分を担当
　理事会（運営団体、法律関係、学識経験者等）

家庭裁判所 → 法人後見人に選任
　　　　　 ↔ 後見監督人

↑↓

運営適正化委員会（弁護士・司法書士など）
後見業務の適正な執行を担保する機関

〔図表2-19〕知多地域成年後見センターにおける法人後見受任状況

	後見				保佐				補助				合計
	高齢	知的	精神	計	高齢	知的	精神	計	高齢	知的	精神	計	
在宅	4	2	1	7	3	4	6	13	0	0	0	0	20
病院・施設	36	6	7	49	5	4	7	16	1	0	0	1	66
合計	40	8	8	56	8	8	13	29	1	0	0	1	86

〔図表2-20〕知多地域成年後見センターに寄せられる相談

① 相談件数

	(件)
電話による相談・支援件数	2124
来所による相談・支援件数	362
訪問による相談・支援件数	614
巡回相談による相談・支援件数	33
担当者会議による相談・支援件数	38
合計	3171

④ 要支援者の種別

	(件)
認知症	1816
認知症以外の要介護高齢者	148
要支援・要介護以外の高齢者	22
知的障がい	448
精神障がい	450
身体障がい	1
高次脳機能障がい	89
健常者	21
その他	176
合計	3171

② 相談者区分

	(件)
本人	177
家族・親族	717
知人	45
市町村・行政	727
事業者(直接サービス)	594
地域包括支援センター	284
障害者相談支援センター	127
社会福祉協議会	118
病院	285
家庭裁判所	159
後見人等	48
弁護士	19
司法書士	27
社会福祉士	4
その他	207
合計	3538

③ 相談内容区分

	(件)
制度説明	187
制度利用検討	251
申立手続支援	960
判断能力・診断書・鑑定書	212
後見業務支援	97
相続・遺言	53
身元保証	8
虐待・権利侵害	19
債務・浪費	35
悪質商法・訪問販売	9
任意後見	13
本人・関係者の報告事項	501
連絡調整	564
その他	1571
合計	4480

(4) 知多地域における市民後見人――法人後見を担当する生活支援員

　知多センターでは、知多センターが受任する法人後見事案を担当する生活支援員を養成しています。生活支援員は、後見人を受任することは予定しておらず、たとえば名簿を作成して家庭裁判所に提出し市民後見人として選任される、ということはありません。

　今後、爆発的な高齢者人口の増加に伴い、後見人による支援の必要な方が急激に増えることは明らかです。知多センターの法人後見受任件数も増加していくでしょう。

　このような後見ニーズの増加に対し、現在の後見人の主要な受け皿となっている専門職だけに頼っていては立ち行かなくなります。そこで、地域に根付いた生活支援員の存在が、財源の面でも、人材の面でも、必要不可欠なのです。

▶第2章 市民後見人の養成・支援の実際

⑸ 生活支援員の養成・活動

　知多センターの生活支援員として活動することを希望する人は、まず、知多センターが啓発事業として毎年2回行っている「成年後見サポーター研修講座」を受講します。この講座の受講生は、5市5町全部の市町の広報誌に掲載して募集しています。受講生に対して支援員としての活動を勧誘し、支援員が次々と養成されていくように取り組んでいます。これを修了した方から、「成年後見の地域生活支援員」として活動することになります。現在の修了者は2名です。

　「成年後見サポーター研修講座」のカリキュラムは、1日3時間の講座を週1回行い、合計6日間行います。講師は、弁護士、司法書士、知多センター事務局長、社会福祉士等の成年後見実務家です。「成年後見制度概論」「虐待事例」「申立手続」「身上監護」「財産管理」等の科目について、事例を交えた講義を実施しています。これを受講することで、成年後見制度の概要を理解した人材として取り扱われます。

　次のステップでは、ホームヘルパー2級講座、ガイドヘルパー講座、行動援護ヘルパー養成研修等の一部を受け、高齢者・障がい者の特性を理解するようにします。判断能力が低い方を支援していくことになるので、認知症サポーター研修講座も必ず受講します。

　これらを受けた後、少人数での事例検討会を行います。検討会での議論を通じて、被後見人に対するかかわり方や、知多センターが何を大切にして支援に取り組んでいるかなどについて理解してもらうことが大切だと考えています。

　また、事例検討会と並行して、職員に同行して被後見人への訪問を行います。訪問の後は、必ず振り返りを行います。「本人の様子はどうだったか」、「身体状況、精神状況、生活状況に変化はみられなかったか」、「何かあれば、それは何だと考えられるか」、「本人との会話の中で知り

得た情報は」など、職員と意見交換をします。これを繰り返すことで、1人で訪問を行うことができるようになります。

他方、同行・振り返りを繰り返している中で、生活支援員としての活動に合わない人もいますが、こうした人には、支援対象者との直接的ではないかかわり方を模索しています。

生活支援員になると、知多センターと労働契約を結ぶことになります。給与は、知多センターのパート職員待遇となっています。

知多センターが担当するのは困難な事案が多いため、生活支援員に全面的に依頼できる案件は、多くはありません。当初の困難な状況については知多センター職員が対応し、状況が落ち着いたところから取り組んでもらうことになりますが、さまざまな問題を抱えた事案が多くなっています。

生活支援員としての活動においては、支援をする対象者に対して、相手の人権を尊重する気持ちをもって対応することが最も大切です。ただしそれは、必ずしも研修で学べるものではないと考えており、その点で生活支援員として採用することの難しさが感じられます。

(6) 成年後見を地域の誰もが使えるように

知多地域は、もともと市民活動が盛んな地域でした。ここに、「成年後見を、地域の誰もが使えるしくみとして構築する」という視点のもとに、知多センターがつくられたのです。判断能力が不十分な人を支えるためには、「市民感覚のある市民」という専門性が必要だと考えられます。知多センターが生まれてきたこの土壌で、市民による後見支援が行われていくことは、この地域にふさわしいものだろうと思います。

(知多地域成年後見センター　今井　友乃)

5 北九州市における市民後見のしくみ

(1) 北九州市の基本情報

北九州市は、総面積487.89km²、平成22年3月31日現在の総人口97万7960人、65歳以上の高齢者人口24万2207人、高齢化率24.8％、平成22年9月末時点の推計上の認知症高齢者数3万765人となっています。また、平成23年3月31日現在、手帳交付台帳登録数上、身体障がい者5万2139人、知的障がい者8794人、精神障がい者4552人となっています。これらのことから、成年後見制度の利用を必要とする高齢者・障がい者の数も相当数に上ると考えられます。

また、平成22年度予算を「市民の生活を守り、未来をひらく成長戦略予算」とし、一般会計当初予算では総額5329億円のうち、保健福祉費として1281億円を計上し、高齢者・障がい者施策に取り組んできました。

(2) 市民後見人の養成

北九州市では、平成19年度より「社会貢献型市民後見人養成事業」を実施しています。

(A) 募集方法

養成研修の実施に先立ち、「『市民後見人』を目指す人のための講演会」を実施しています。講演会は市の実施する市民後見人養成研修のオリエンテーションを兼ねています。

講演会の参加者は、市の広報誌である「市政だより」への掲載および全小学校区に設置されている「市民センター」でのチラシ配布などで募集しています。

(B) 応募資格等

北九州市では、「北九州市社会貢献型『市民後見人』養成事業実施要綱」(以下、「要綱」といいます)を定めています。

要綱では、市民後見人養成研修の応募資格を次のように定めています。
① 原則として、65歳未満の方
② 北九州市に在住または勤務の方で、市内の要援護者の支援ができる方
③ 高齢者および障がい者に対する地域福祉活動に理解と熱意のある方
④ 原則として、すべての研修科目の履修ができる方
⑤ 研修終了後に社会貢献活動として後見人となることを希望する方

毎期、募集定員は20名程度としており、第一次書類選考として「私の考える社会貢献型『市民後見人』としての活動」という内容で作文を提出してもらい、二次選考として面接を実施しています。

(C) 養成研修の概要

養成研修は、要綱に基づき、「基礎研修」、「実務研修」を行っており、後見の実務内容を熟知している北九州市社会福祉協議会権利擁護・市民後見センター「らいと」(以下、「らいと」といいます)に委託して実施しています。

基礎研修は、判断能力が不十分な認知症高齢者や障がい者の権利と財産を護るために、社会貢献を主旨とする市民後見人として活動するうえで必要な基礎的な知識を習得することを目的として、1日あたり8時間、のべ6日間の講義を行っています。講義内容は、成年後見制度の概要、関連法の基礎知識、介護・支援サービス、障がいの特性の理解、対象者とのコミュニケーションなどで、弁護士等の法律専門家、医師、社会福祉士、大学教授、行政関係者を講師として招いています。

実務研修は、基礎研修を良好に修了した方を対象として、協力機関との連携による後見実務の習得をめざし、講義および現場実習を実施しています。内容としては、家庭裁判所に提出する書類の作成方法や、社会

福祉施設での実習、日常生活自立支援事業での同行実習など、事例を通じて社会貢献型市民後見人としての活動内容を学ぶこととしています。

　(D)　これまでの養成実績

　平成19年10月に実施した講演会（募集説明会）への参加者は106名でした。平成20年度講演会には67名、平成21年度には77名、平成22年度には57名の市民が参加しています。

　このうち、第1期基礎研修修了者32名・実務研修修了者31名、第2期基礎研修修了者17名・実務研修修了者16名、第3期基礎研修修了者12名・実務研修修了者12名となっています。現在実施している第4期基礎研修の受講生は12名です。

　第1期から第3期までの研修修了生は、累計で59名となっています。このうち、北九州市市民後見候補人（以下、「候補人」といいます）として登録しているのは、平成23年4月1日現在で53名です。

　(E)　候補人に対する研修の実施

　候補人として登録している方を対象に、年1回研修を実施しています。

　現在、北九州市では27人の市民後見人が「らいと」で成年後見業務に従事していますが、市民後見人が活躍していくためには、北九州市を管轄している福岡家庭裁判所小倉支部や「らいと」など、関係機関の理解・協力が必要不可欠であると考えています。

　北九州市としては、引き続き市民後見人になりたいという意欲の高い方々に質の高い研修を提供できるように活動していきたいと考えています。

(3)　市民後見人養成研修の修了者を生かした法人後見事業への取組み

　(A)　法人後見事業開始までの経緯

　北九州市社会福祉協議会（以下、「市社協」といいます）では、平成11年度にモデル事業として地域福祉権利擁護事業（現在の日常生活自立支

援事業）を開始し、翌年4月には権利擁護センター「らいと」を設立しました。以後10余年にわたり、市民の権利擁護システムの構築に努めてきました。その間、500人以上の利用者と接する中で、親族とのかかわりが全くない事案や、利用者の判断能力の低下により日常生活自立支援事業では支えきれなくなる事案も増え、第三者後見の必要性とその充実が課題となってきました。

そこで、市社協では、北九州市や専門職団体などの関係者と協議を重ね、専門職による成年後見センター設立を決定しました。それを受け、福祉に熱意のある弁護士、司法書士、社会福祉士などの専門職が、それぞれ出資金を出し合い、平成18年4月、有限責任中間法人（現在は一般社団法人）北九州成年後見センター「みると」（以下、「みると」といいます）を、「らいと」と同じ事務所内に開設しました。

設立後、「みると」の受任件数は加速度的に増え、設立3年目にして100件近くを受任することとなりました。第三者後見人の不足を危惧した市は、社会貢献型「市民後見人」養成研修を開始しましたが、当地域を管轄する家庭裁判所は、研修修了生（候補人）を単独で第三者後見人に選任することは難しいとの見解を示しました。

そこで、市や家庭裁判所と協議を重ねた結果、市社協が法人後見事業を実施することで候補人の受け皿となり、候補人は市社協の組織下で後見活動に取り組むこととなりました。平成21年4月、「らいと」は、名称を権利擁護・市民後見センター「らいと」に改称し、日常生活自立支援事業に加え、新たに法人後見事業を開始しました。

(B) 支援員としての採用

市社協では、候補人のうち、「らいと」の支援員としての活動を希望する者には、面接を実施し、採用の適否を決定しています。支援員の身分は日々雇用のパート職員で、法人後見事業と日常生活自立支援事業の

両方において、対象者へ直接的支援を行っています。法人後見事業においては、1人の支援員が1～3人程度の被後見人を担当し、市民ならではの視点で、親身な後見活動を展開しています。一方、日常生活自立支援事業においては、専門員の指示のもと、利用者の金銭管理や福祉サービスの利用援助を行うこととなります。

採用面接では、利益相反関係にならないことを確認することはもちろん、堅実性や適応性、積極性などの資質に焦点をあてて選考しており、現在、候補人53人中、支援員として活動している人は27人となっています。

支援員には活動時間に応じた賃金を支払うこととなりますが、あくまでも社会貢献を前提とした活動であることから、法人後見事業と日常生活自立支援事業のどちらの事業に従事しようとも、その賃金は最低ラインを確保する程度となっています。

(C) 「らいと」の体制

市社協が日常生活自立支援事業のみを実施していたときは、利用者が成年後見制度へ移行した場合、財産管理者が市社協から後見人へ変更となるため、対象者や関係者に混乱が生じていました。法人後見事業開始後は、市社協が後見人に選任された場合でも、それまで日常生活自立支援事業で築いてきた対象者との信頼関係を継続したまま、関係者との連携もとれた状態でスムーズに成年後見制度へ移行できるようになりました。

また、法人後見事業においては、支援員が中心となって被後見人の支援を行いますが、最終的な判断や決定は法人が行うことから、支援員の負担感が軽減される体制を整備しています。具体的には、支援員の後見活動をサポートするため、社会福祉士や精神保健福祉士などの資格を持つ職員を、法人後見事業の専任の専門員として配置しています。

法人後見事業における専門員の主な業務は以下のとおりです。
① 担当支援員の選任
② 受任直後の初期面談への同行や財産目録作成の支援
③ 支援員からの相談対応と業務への助言
④ 保管財産の管理
⑤ 支援員の活動時間外における被後見人や関係者との連絡調整
⑥ 休日や夜間の緊急対応
⑦ 委員会における資料の作成やその説明

また、専門員や支援員が気軽に専門的な助言を受けられるよう、所長職（非常勤）には弁護士が就任しているほか、司法書士および税理士とアドバイザー契約を結び、電話相談や実務的な支援を受けられる体制をとっています。

その他、運用委員会と監視委員会という第三者からなる2つの委員会を設け、事業の適正化を図っています。運用委員会は、家庭裁判所から受任の依頼を受けた場合に、支援員が中心となって後見業務を担うケースとして妥当かどうかを審議したり、日常生活自立支援事業の利用者の判断能力に疑義が生じた場合に、その程度を審査したりする機能をもっています。監視委員会では、両事業において、適切な利用者支援を行っているかを監視するとともに、不服申立てなどがあれば、その適否を審理する機能を持っています（図表2—21）。

(4) 法人後見事業における課題

法人後見事業を開始して2年が経過する中で、さまざまな課題も見えてきました。

(A) 柔軟さに欠ける法人後見

市社協では、候補人を雇用し、被後見人の担当支援員として後見業務に携わってもらっていますが、その活動はあくまでも法人後見事業の範

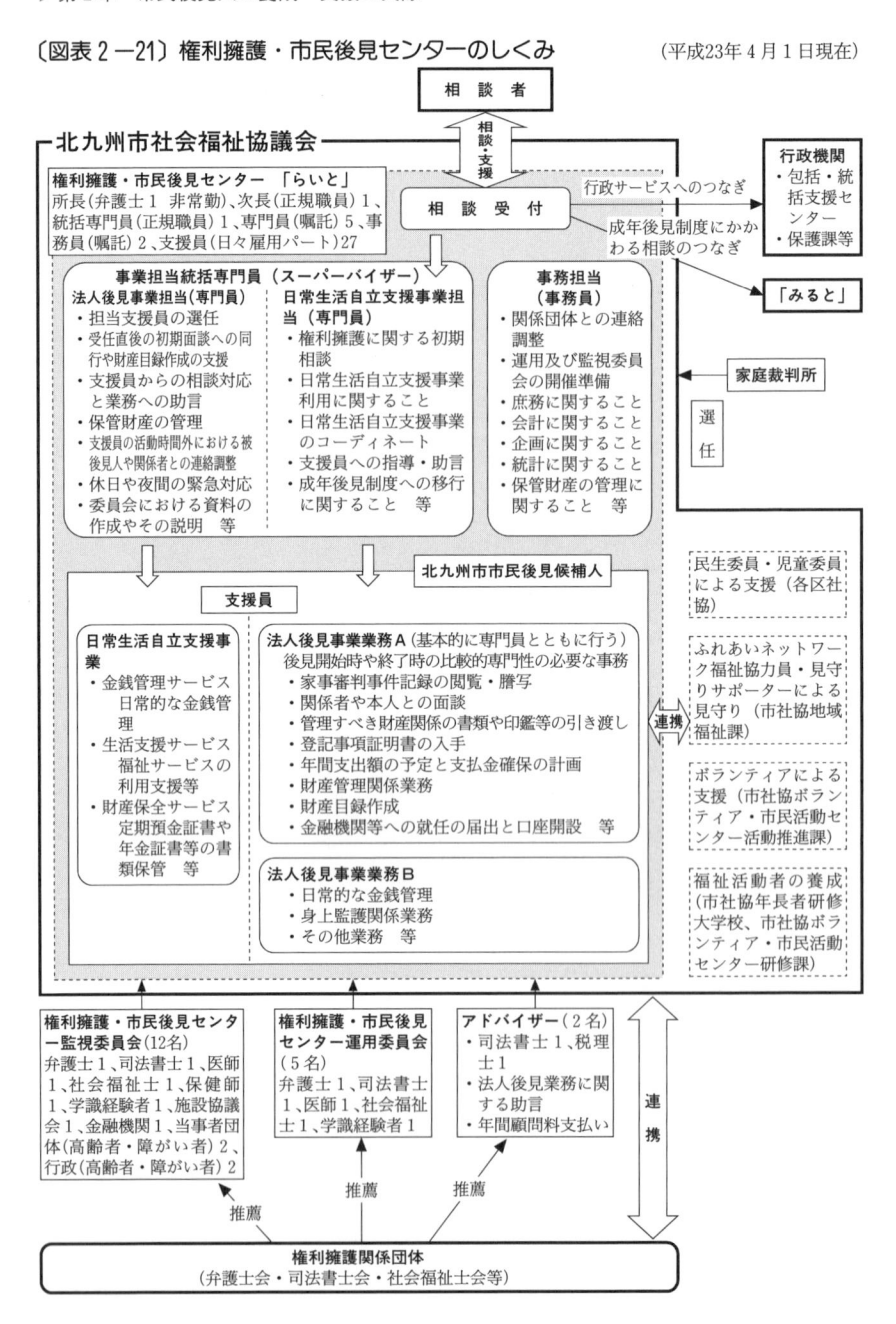

▶第2章 市民後見人の養成・支援の実際

〔図表2－21〕権利擁護・市民後見センターのしくみ　　　(平成23年4月1日現在)

```
                                    ┌─相談者─┐
                                    └────┬────┘
                                         ↕相談・支援
┌─北九州市社会福祉協議会──────────────────────┐      ┌─────────┐
│ ┌─────────────────┐   ┌─────┐  行政サービスへのつなぎ  │行政機関    │
│ │権利擁護・市民後見センター「らいと」│   │相 談 │──────────→│・包括・統│
│ │所長(弁護士1 非常勤)、次長(正規職員)1、│   │受 付 │                    │括支援セン│
│ │統括専門員(正規職員)1、専門員(嘱託)5、事│   │     │  成年後見制度にかか  │ター      │
│ │務員(嘱託)2、支援員(日々雇用パート)27  │   │     │  わる相談のつなぎ    │・保護課等│
│ └─────────────────┘   └──┬──┘                    └─────────┘
│ ┌───────────────────────────────┐           ┌──────┐
│ │事業担当統括専門員（スーパーバイザー）                          │           │「みると」  │
│ │┌─────────┐┌─────────┐┌────────┐│           └──────┘
│ ││法人後見事業担当(専門員)││日常生活自立支援事業担当││事務担当       ││
│ ││・担当支援員の選任 ││(専門員)            ││(事務員)       ││           ┌──────┐
│ ││・受任直後の初期面談への同││・権利擁護に関する初期 ││・関係団体との連絡 ││           │家庭裁判所  │
│ ││ 行や財産目録作成の支援 ││ 相談              ││ 調整          ││           └──────┘
│ ││・支援員からの相談対応 ││・日常生活自立支援事業 ││・運用及び監視委員 ││                 ↑
│ ││ と業務への助言      ││ 利用に関すること     ││ 会の開催準備     ││              選
│ ││・保管財産の管理     ││・日常生活自立支援事業 ││・庶務に関すること ││              任
│ ││・支援員の活動時間外における被││ のコーディネート    ││・会計に関すること ││                 │
│ ││ 後見人や関係者との連絡調整 ││・支援員への指導・助言 ││・企画に関すること ││
│ ││・休日や夜間の緊急対応  ││・成年後見制度への移行 ││・統計に関すること ││
│ ││・委員会における資料の  ││ に関すること 等    ││・保管財産の管理に ││
│ ││ 作成やその説明 等    ││                   ││ 関すること  等  ││
│ │└─────────┘└─────────┘└────────┘│
│ └───────────────────────────────┘
│ ┌───────────────────────────────┐           ┌──────┐
│ │          北九州市市民後見候補人                        │           │民生委員・児│
│ │ ┌支援員┐                                              │           │童委員によ │
│ │ ┌─────┐┌──────────────────┐│           │る支援(各区社│
│ │ │日常生活自立支援事││法人後見事業業務A(基本的に専門員とともに行う)││           │協)         │
│ │ │業        ││後見開始時や終了時の比較的専門性の必要な事務││           └──────┘
│ │ │・金銭管理サービス││・家事審判事件記録の閲覧・謄写      ││
│ │ │ 日常的な金銭管 ││・関係者や本人との面談          ││           ┌──────┐
│ │ │ 理        ││・管理すべき財産関係の書類や印鑑等の引き渡し││           │ふれあいネッ│
│ │ │・生活支援サービス ││・登記事項証明書の入手          ││           │トワーク福祉│
│ │ │ 福祉サービスの ││・年間支出額の予定と支払金確保の計画   ││  連       │協力員・見守│
│ │ │ 利用支援等    ││・財産管理関係業務            ││  携       │りサポーター│
│ │ │・財産保全サービス ││・財産目録作成              ││  ↕       │による見守り│
│ │ │ 定期預金証書や ││・金融機関等への就任の届出と口座開設 等││           │(市社協地域 │
│ │ │ 年金証書等の書 │└──────────────────┘│           │福祉課)     │
│ │ │ 類保管 等    │┌──────────────────┐│           └──────┘
│ │ │         ││法人後見事業業務B                  ││
│ │ │         ││・日常的な金銭管理            ││           ┌──────┐
│ │ │         ││・身上監護関係業務            ││           │ボランティア│
│ │ │         ││・その他業務 等              ││           │による支援 │
│ │ └─────┘└──────────────────┘│           │(市社協ボラ│
│ └───────────────────────────────┘           │ンティア・市│
│                                                                          │民活動セン │
│                                                                          │ター活動推進│
│                                                                          │課)         │
│                                                                          └──────┘
│                                                                          ┌──────┐
│                                                                          │福祉活動者の│
│                                                                          │養成(市社協│
│                                                                          │年長者研修大│
│                                                                          │学校、市社協│
│                                                                          │ボランティア│
│                                                                          │・市民活動セ│
│                                                                          │ンター研修課)│
│                                                                          └──────┘
│ ┌──────┐┌──────┐┌────────┐
│ │権利擁護・市民││権利擁護・市民││アドバイザー(2名)│
│ │後見センター監││後見センター運││・司法書士1、税理│        連
│ │視委員会(12名)││用委員会    ││ 士1            │        携
│ │弁護士1、司法 ││(5名)       ││・法人後見業務に関│        ↕
│ │書士1、医師1、││弁護士1、司法 ││ する助言        │
│ │社会福祉士1、 ││書士1、医師1、││・年間顧問料支払い│
│ │保健師1、学識 ││社会福祉士1、 ││                │
│ │経験者1、施設 ││学識経験者1  │└────────┘
│ │協議会1、金融 │└──────┘
│ │機関1、当事者 │
│ │団体(高齢者・ │
│ │障がい者)2、 │
│ │行政(高齢者・ │
│ │障がい者)2   │
│ └──────┘
└─────────────────────────────────┘
              ↑推薦      ↑推薦      ↑推薦
         ┌──────────────────────┐
         │       権利擁護関係団体                 │
         │  (弁護士会・司法書士会・社会福祉士会等)   │
         └──────────────────────┘
```

108

囲であり、決定権は法人にあります。そのため、安全で安心したサービスを継続的に提供できる反面、決定のプロセスにおいて、運用委員会に諮(はか)ったり、法人内で支援の共有化を図ったりするために時間を要し、市民後見人の長所ともいえる柔軟な対応がとりにくいという現状にあります。

(B) **専門職でない市民による後見活動**

後見業務を行ううえでは、法律に関する知識や対人援助に関する技能など、多種多様な専門的知識・技能が必要とされます。市社協の法人後見事業では、市民後見人養成研修を修了した支援員がその事務を行っており、専門職後見人に比べると、そういった知識・技能の不足は否めません。そのため、親族や近隣との間にトラブルが生じた場合にどう対処すべきか戸惑ったり、精神に障がいがある方などで対応が難しい被後見人にうまく寄り添えなかったりすることがあります。そういった場合には、アドバイザーや関係機関に助言を求めながら対応していますが、専門員や支援員の資質をさらに高めていく必要があります。

(C) **活動範囲の異なる2事業間での混乱**

支援員は、日常生活自立支援事業と法人後見事業の両方に携わっていますが、2事業間において支援活動の範囲が異なることから、支援員はもとより関係者にも混乱が生じる可能性があります。

日常生活自立支援事業では、本人との契約によって金銭管理等のサービスを行いますが、本人を代理して法律行為を行うことはできません。一方、法人後見事業では、本人の権利を擁護するため、本人を代理して法律行為を行うことが可能です。

この活動範囲の差が関係者に理解されにくい結果となっています。

(D) **少額な後見報酬とその予算計上の困難さ**

専門的知識の少ない市民が後見活動を行うことから、市社協では、受

任要件を「親族間にトラブルのないもの」としています。そのため、親族のかかわりが少ない低所得者の後見人に選任されることが多くなっています。

　法人後見事業の報酬付与の申立ては市社協が行いますが、その報酬額は、被後見人の資力その他の事情によって家庭裁判所が個別に決定するため、低所得者の事案については、付与される後見報酬も少額となります。

　市社協では、付与された後見報酬は法人後見事業費にあてており、不足分は市が補助する、というしくみになっています。しかし、市の財政状況も年々厳しくなっていることから、安定した事業運営のためには、後見報酬でしっかりした財政基盤を築いていかなければならず、家庭裁判所との調整も必要となっています。

　また、年度内に家庭裁判所から何人の受任依頼があり、その報酬額はいくらになるのかという見込みが立たず、予算書への報酬額計上も困難です。

　(E)　被後見人の財産の保管

　受任件数が増えるにつれて、保管すべき被後見人の財産もかなりの量となってきます。保管場所（保管庫や貸金庫など）の確保にも経費がかかるため、限られた場所でどうやって保管するかが今後の課題となっています。預貯金以外の書類や貴金属類をどの範囲まで預かるのか、また、保管場所をいかに増やしていくか、といった検討が必要になります。

　(F)　申立関係費用に関する本人負担の可否

　申立人が、申立費用の負担を本人とすることを求める上申を家庭裁判所に行った場合、家庭裁判所は状況によって、手続費用（申立手数料、送達費用、後見登記費用、鑑定料等）の実費に限り、本人に負担を命じることがあります。しかし、それ以外の関係費用（申立人が専門職に依頼

した申立書作成料等）については、本人に負担させるかどうかの判断を後見人に委ねることがあり、その対応に苦慮しています。市社協では、そのつど、運用委員会に諮（はか）りながら、本人負担の必要性や負担する金額の妥当性を検討しています。

(G) 進まない親族調査

医療同意に備えるための親族調査や、本人の死後にスムーズに保管財産を引き渡すための推定相続人調査を行う必要性は高いところです。しかし、本人の戸籍やその附票は取得できても、個人情報保護の観点から、親族のものは取得できません。本人死亡後であれば相続人調査は可能となるのですが、本人が死亡したとの連絡を受けてから調査を開始することになり、財産の引渡しに時間がかかってしまいます。

(5) 北九州成年後見センター「みると」との連携

「らいと」の強みともいえる特徴として、「みると」との連携があげられます。

「みると」は、専門職が立ち上げた「有限責任中間法人（現在は一般社団法人）サポートネット」と市社協が社員となっており、成年後見制度に関する相談受付や、市から受託している市長申立ての事務、法人として後見人に就任するなどの業務を行っています。事務局職員のほか、非常勤の専門職がその実務にあたっており、法人後見業務においては、1人の被後見人につき、法律専門職1名、福祉専門職1名、事務局職員1名の計3名でチームを組んで対応しています。

「らいと」と「みると」という併設している2つのセンターが、それぞれで法人後見を行っていることに疑問を持たれることもありますが、双方の役割分担は明確になっています。すなわち、「らいと」では、市民が対応する親族的な後見を、「みると」では、法律的な問題などを抱えたケースに対応する専門的な後見を行っており、家庭裁判所は両セン

ターの特性も考慮したうえで受任依頼先を決定しています。このように、連携して業務を行うことで、さまざまなケースに対応できる権利擁護の窓口となっています。

(6) 市民後見人が個人で選任されるしくみづくり

現在、候補人の活動の場は「らいと」での支援員活動に限られていますが、事務所のスペースやその他の事情により、市社協で支援員として雇用することにもいずれ限界がくると思われます。また、候補人が市社協での支援員としての活動を望まず、個人で後見人になることを望んでいる場合もあり、将来的には、候補人が単独で市民後見人として受任するためのしくみを検討していく必要があります。

認知症高齢者の増加や障がいのある人の地域生活移行支援により、今後、成年後見制度の利用者数は大幅に伸びるものと思われ、市民後見人への期待はますます大きくなっていくと予想されます。市社協では、現在抱えている課題解決に向け、今後も、市や家庭裁判所、その他関係者との協議を重ね、地域性を活かしたしくみづくりを確立させ、市民ニーズに対応していきたいと考えています。

〔北九州市保健福祉局地域支援部高齢者支援課
　北九州市社会福祉協議会権利擁護・市民後見センター〕

6 全国で活動する市民後見人

(1) 小樽における市民後見人の活動の実際

(A) 小樽・北しりべし成年後見センターの概要

小樽・北しりべし成年後見センター（以下、「小樽センター」といいます）は、平成22年4月に開設されました。現在登録している市民後見人は23名で、そのうち14名が、専門職とともに、困難事案か否かにかかわりなく、業務を担当しています。市民後見人には、志が高く、意欲的な

人が集まっています。平成23年8月からは、市民後見人の実務能力のさらなる向上を目的とし、新人の市民後見人に対して助言等もできるように、2カ月に1回程度、研修会を開催することになりました。

現在活躍中の市民後見人は、小樽センターが開設する以前に養成されました。小樽センター主催の養成講座は平成22年10月に行われ、今年度は新たに10名ほどの登録があり、余市町の市民後見人も3名誕生しました。

小樽センターでは、後見開始から3カ月から半年以内は、原則的に、専門職との複数担当により後見業務を遂行しています。その理由は、第1に、後見業務を行いうる専門職の人数が絶対的に不足している現状で、専門職の効率的な活用を図るため、第2に、低所得者の事案や困難事案を、市民後見人と専門職とで役割分担することにより、適切かつ安全に業務を遂行できるようにするため、第3に、限られた予算の中で成年後見制度利用支援事業の報酬助成を効率的に活用するためです。

市民後見人の業務は多岐にわたっています。この1年間で小樽センターが受任した事案は、後見が21件、保佐が5件、補助が1件で、このうち市長申立ての事案は27件です。被後見人の広域圏外転出等の理由で3件は専門職のみの担当となっていますが、そのほかは、すべての事案に市民後見人がかかわっています。平成23年8月からは、事案が安定したために専門職が担当を外れ、市民後見のみが担当するというものも出てくることが予定されています。

以下では、2つの事案を取り上げて、市民後見人の活動の一端を紹介します。

⑻　後見、知的障がいのある方の事案――**市民後見人Ａさん**

被後見人は知的障がいのある方で、後見類型です。障害年金と生活保護で暮らしています。こだわりと粗暴傾向のため施設での生活になじめ

▶第2章　市民後見人の養成・支援の実際

ず、古い家屋で単身生活を送っていました。

　家庭裁判所から小樽センターに市民後見人の推薦依頼があり、受任検討部会で検討した結果、市民後見人としてAさんが担当になることが決まりました。

　Aさんは、担当専門職の社会福祉士とともにアセスメントに参加し、障害者相談センターの関係者、デイサービスを提供している障がい者施設の関係者等と、被後見人を支援するための計画を話し合い、支援について理解を深めていきます。話合いの結果、被後見人は、月曜日から金曜日まで障がい者施設のデイサービスを利用し、食事と掃除の家事援助を週に5日利用し、週末は施設のアクティビティ（工場見学やレクレーション等）に参加するということになりました。

　Aさんは、毎週月曜日に小樽センターに出勤し、金庫に保管してある通帳を受け取り、1週間分の生活費を銀行から引き出して、細かいお金に両替えします。その足で被後見人の自宅を訪問し、1週間（7日）分のポケットがついた壁掛に、目的別に生活費を小分けにして入れ、何に支払うものなのかを被後見人が理解できるように、毎回説明をします。

　被後見人は、その生育歴や寂しさから、深刻な事態を引き起こすようなトラブルをたびたび起こしてきました。しかし、Aさんが成年後見人に選任されて毎週訪問するようになってからは、最初の数カ月こそデイサービスなどで多少のトラブルはありましたが（これには担当社会福祉士が対応して解決しました）、半年も過ぎた頃からはトラブルもなく、安定した生活が維持できるようになりました。

　Aさんは以前、会社勤めをしていました。市民後見人として活動するまでは、障がいを持つ人と交流をしたことはほとんどなく、リタイア後の人生で初めて経験することとなりました。毎週自分を心待ちにしている被後見人との心の交流、市民後見人としての仕事を、自らの人生にお

いてかけがえのないものと思っているそうです。

(C) 保佐、認知症の方の事案──**市民後見人Bさん**

　被後見人は認知症があり、保佐類型です。身体障がいもあります。恩給と年金による収入があり、自分名義の持ち家で単身生活を送っていましたが、病気をして半年ほど入院生活を送ることとなりました。病気は回復したのですが、在宅生活が困難となったために、入院先の病院から施設に入所することになりました。保佐が開始されたのは、施設で暮らし始めてから半年後のことです。

　被後見人には支払いを滞納しているところがいくつかあり、保佐人就任当初は、財産関係の処理が緊急の課題でした。Bさんは担当社会福祉士とともに被後見人から受け取った請求書を確認しました。そして、滞納先・滞納金額を確認するため債権者への連絡することとし、これについては担当社会福祉士が行いました。債権者の中には、家を購入した際に住宅ローンの借入れをしていた銀行も含まれていました。

　こうして滞納先・滞納金額を確定した後、担当社会福祉士が作成した返済一覧表に基づき、Bさんは被後見人の預貯金口座からお金をおろし、各債権者への支払いを行いました。

　また、就任したのが冬だったことから、被後見人が不在となった家屋の管理、特に雪の問題を処理する必要がありました。寒冷地では、凍結防止や落雪防止のため、ルーフヒーティング（屋根融雪）を設置しています。しかし、長期の滞納があったために電気がストップされていました。これでは、雪が屋根に積もってしまいます。そこで、Bさんは電力会社を訪問して冬期の夜間電力利用について確認し、滞納分の清算をして契約を継続しました。また、落雪の危険がある屋根の雪を緊急避難的に下ろすなどして、雪の問題に対処しました。

　医師や関係者の意見によれば、被後見人が今後、在宅生活を送ること

は不可能であるということでした。相続人もいません。限りある収入の中から、ローンの支払いを継続し、さらに不在家屋の管理を続けることには困難を伴うのですが、今のところ、被後見人は自分の家での単身生活をあきらめておらず、保佐業務を行うにあたって必要な自宅への立入りも拒否しています。

　市民後見人のBさんも、担当社会福祉士も、共に仕事を持っているので、Bさんは、担当社会福祉士と調整して被後見人を訪問する日を決めます。休みの日を利用して、毎月1回、施設を訪問しています。

　Bさんは、被後見人と会話をする中で、被後見人がこれまで障がいを抱えながらかなりの努力をして単身生活を送ってきたこと、それなのに病気でほぼ全面介助が必要な生活になったことを受け入れられないつらい気持ちを汲み取っています。

　今後の方針としては、被後見人の家を売却しなければならなくなると思われますが、Bさんは、被後見人の気持ちを汲んで、散歩のついでにたびたび立ち寄っては玄関先の草むしりをし、防犯上問題がないか目を配るなど、男性ならではの気遣いと行動で被後見人の家を管理しています。

　　6(1)　社会福祉士・小樽社会福祉協議会　小樽・北しりべし成年後見
　　　　センター運営委員・市民後見人養成部会　関口　由紀子

(2)　世田谷区における市民後見人の活動の実際

　(A)　区民後見人として取り組むきっかけ

　私は平成19年7月に、世田谷の区長申立てによる区民後見人第1号として、家庭裁判所より、成年後見人に選任するとの審判を受けました。それ以来、区民後見人として、これまで2人の方の身上監護および財産管理をしてきました。現在は、3人目の方の候補者として区長申立てがなされているところです。

私が定年退職した当時、私の両親は2人とも90歳を超えていましたが健在で、同居していました。母親は各種の公的サービスを受けており、私は、そのサービスに携わっている方々の親切な態度に心を打たれ、「私も何か地域社会に恩返しをしたい」と思っていました。そのようなときに、世田谷区社会福祉協議会が区民後見人の受講生を募集しているのを知り、応募しました。後見支援員の研修を受講した後、後見人養成研修を通算でほぼ1年受講し、研修終了後は、専門職後見人の支援員として、被後見人を訪問し、研鑽を積んできました。

⑻　**区民後見人としての活動の実際**

　以下では、最初に受任した成年被後見人の方を例に、実際の活動内容を紹介します。成年被後見人は、1人住まいで、80歳代半ばの女性でした。当初面談した際には、私を成年後見人として認めてくれるだろうかと緊張しましたが、幸いすぐに認めていただいて、ホッとしたことを記憶しています。

　受任後、まず家庭裁判所へ成年被後見人の財産目録、年間収支報告書を提出しました。また、以下の事務を通年で処理しました。

① 　銀行口座の開設（○○様　成年後見人□□）
② 　郵便物の管理（転送依頼書の提出）
③ 　関係機関への後見人就任の連絡、挨拶
④ 　介護サービス事業者と介護保険契約の締結
⑤ 　国民健康保険・介護保険送付先変更申請書を区役所へ提出
⑥ 　納税管理人承認申請書を区役所へ提出
⑦ 　特別区民税・都民税の申告書を区役所へ提出
⑧ 　介護保険負担限度額認定書を区役所へ提出
⑨ 　後期高齢者医療保険料の払込み、口座振替手続
⑩ 　定額給付金請求書を区役所へ提出

⑪　施設入所契約書の締結、緊急医療、終末期に対処する文書の提出
⑫　住所変更登記申請書を家庭裁判所へ提出（施設に入所した際）
⑬　居住用不動産の処分許可申立書を家庭裁判所へ提出（施設入所で在宅に戻る可能性がなかったために処分）

　私が成年後見人になって数カ月ほど過ぎた頃から、成年被後見人の認知症が進み独居が無理な状況になってきたため、区の協力を得、施設入所を検討し、特別養護老人ホームに入所することとなりました。

　施設入所にあたっては、契約書を締結することになります。施設からは、成年被後見人の身元引受書に記入してほしいと依頼がありましたが、成年後見人は身元引受人にはなれないため、区および社会福祉協議会で検討していただき、成年後見人として誠実に対応する旨の確認書の形で了承してもらうこととなりました。

　入所後、私が見守りのために訪問すると、成年被後見人は、亡き夫の話や思い出話を楽しい雰囲気でしていましたが、平成20年8月頃から入退院を繰り返すようになり、脳の手術を何回か実施しました。その際、医師から医療同意書への記入を要求されましたが、成年後見人は同意できないことを説明し、医師に最善の治療を依頼しました。

　こうして、成年被後見人は、ひとまず落ち着いた生活を送れるようになりました。区民後見人がついたことで、成年被後見人の生活は、以下のような点で改善されました。

①　生活が規則正しくなった。
②　財産管理を後見人に委ねることにより、無駄遣いがなくなった。
③　精神的に安定し、穏やかになった。
④　独居時はあまり眠れなかったが、ゆっくりと安眠できるようになった。

　1年間ほどすると、認知症がさらに進むとともに、以前にした盲腸の

手術の後遺症により腸閉塞を発症し、緊急入院となりました。医師からは胃瘻(いろう)の処置を勧められましたが、当初から、経管栄養や胃瘻は望まない、過度の延命治療も望まない、人間としての尊厳を重視してほしいという成年被後見人の申出があったため、点滴のみの治療としました。長期入院となったため転院勧奨があり、転院した後、急速に病状が悪化し、87歳の天命を全うされました。

　成年被後見人には相続人が1人いましたので、事務整理をした後、相続物件を引き渡し、家庭裁判所へ報告をし、終了の登記を東京法務局にしました。これにより、区民後見人としての役目を終了しました。

(C)　区民後見人としての活動で感じた点

　区民後見人の役割は、被後見人の個性と生活に合わせていろいろなサービスや制度を利用し、その人らしい生活を過ごせるように、その人の生活全体を支えるというものです。区民後見人は、被後見人の「最善の利益」を支える義務があります。私は、このことを常に念頭において活動してきました。

　その活動の中から、私にとって難しく感じた点、よかった点を記してみます。

　難しく感じた点としては、以下のものがあります。

①　成年被後見人と相続人との関係および相続人との折衝

②　身元引受書、医療同意書に署名を求められたときの対応

　特に①について、相続人が1名いたのですが、成年被後見人の生前から仲が悪く、絶交状態でした。成年被後見人が入院したときや手術などの緊急事態が生じたときなどに、電話や手紙で連絡していましたが、「私には一切関係ない。連絡も不要。そちらに一切お任せする」と言われ、手紙も未開封のまま受取拒否として返送されてきました。成年被後見人が逝去したときも連絡しましたが、「関係ない」と拒否されました。

▶第2章　市民後見人の養成・支援の実際

したがって、葬儀、納骨まで成年後見人である私が執り行うこととなりました。このような人間関係はとても悲しく感じられます。

よかった点としては、以下のものがあります。

① 成年被後見人の生活環境がよくなり、性格が明るくなり、生き生きと過ごされるようになったこと
② 区民後見人自身が、後見活動をすることにより日常生活に張り合いが出てきたこと

また、区民後見人としての活動にあたっては、後見監督人である社会福祉協議会や、世田谷区成年後見支援センターの専門職の方の支援が不可欠です。難しいケースが発生したときには常に相談に乗っていただきました。

今後も、さらに研鑽に励み、区民後見人としての活動を通じて、地域社会のため、そして自分自身のために、有意義な生活を送りたいと考えています。

(6(2)　世田谷区区民後見人　渡邉　成章)

(3)　知多地域における市民後見人の活動

(A)　市民活動の延長としての市民後見

知多地域では、知多地域成年後見センター（以下、「知多センター」といいます）が法人として後見人を受任し、研修を受けた市民の方は「支援員」として、法人後見の担当者となり、市民の立場で、被後見人への支援を行います。知多地域での市民による後見支援は、市民活動の延長にあるという特徴があります。

(B)　リタイヤ世代からの支援者

Aさんは、もともと製造業で働いていた男性です。会社を退職した後、ご自分の母親が施設で介護を受けるにあたって、福祉の資格講座を受けることになりました。これが、成年後見に携わるきっかけとなりました。

Aさんは、知的障がい者（後見）の担当です。月に１回ほど、グループホームへ、被後見人との面会に行きます。日中は仕事をしている方の場合、訪問は夜になります。夕方、仕事が終わった後に知多センターの事務所に出勤していただき、被後見人に渡す金銭（小遣い）、グループホームの世話人に渡す書類などを持参して、知多センターの車でホームへ向かいます。５時半頃に事務所を出て被後見人に会い、８時頃に事務所に戻ってくるという流れになっています。知多センターの職員がAさんの都合のよい日を予定して小遣いや書類等を準備しますが、グループホームには事前に告げずに訪問しています。

　被後見人を訪問する際には、正規職員とペアになって訪問します。正規職員が女性の場合、女性だけで男性のグループホームを訪問しないように同行してもらうという意味もあります。

　訪問の際には、被後見人の生活に不都合はないか、グループホームは生活しやすい状態にあるか、被後見人を支援しているヘルパーの対応はどうかなど、いろいろなところに気を配ります。

　後見人は、判断能力が不十分な方の「声なき声」を聴き、被後見人の権利を守る役割がありますから、待遇に問題があれば改善してもらうように要求します。Aさんもこれまで、グループホームの生活環境に関して、被後見人、親、事業所と話合いをするなど、改善に向けた活動も行いました。

　他の事案では、被後見人が入所している施設を訪問し、話し相手になっています。知多センターでは、「後見人」の見守り義務の一環として、このように話し相手となりながら、施設内での被後見人の状況を察知してするという役割をAさんにお願いしています。被後見人が「居心地が悪い」と感じているようなら、それを施設に伝えて改善を要請したり、話合いをしたりします。それでも、被後見人に合わないようなときには、

▶第2章　市民後見人の養成・支援の実際

別の施設に移ったり、サービス利用契約の解除も検討することになります。

　被後見人の持家の管理をすることもあります。造園屋に庭の手入れをしてもらうときの立会いをしたことがありました。ご近所に迷惑をかけていた庭で、以前には、近所の方の苦情を1日中聞いたこともあります。庭といっても、住宅地の中で森のようになっていたので、近所の方の苦情は相当のものでした。Aさんが1日中、話を聞いたことによって、近所の方の気持ちもほぐれたようです。

　また、被後見人の庭の樹木をすぐに切ってほしいと苦情の電話がかかってきたことがありました。すぐに業者に依頼して手入れをしてもらえればよいのですが、本人にそれだけの資産がありませんでした。こういう場合、職員自らが庭木の片づけを行うこともあるので、Aさんも一緒に対応しました。その後、「何かあったらご連絡ください」と近所を回り、後見センターのパンフレットを配りました。

　このように、支援員は、普段から被後見人の方の持家を定期的に回り、庭の管理や郵便物の回収などを行っています。

　Aさんは、いろいろなボランティア活動を行っていますが、「ボランティアはこちらがやらせていただいているもの」と言います。「お節介なボランティアは相手の迷惑だ」とも言います。そして、成年後見にかかわる活動については、「企業に勤めていたときには知らなかった障がい者のことなどを知ることができてよかった。社会にはいろいろな人がいることをもっと広く知らせなくてはいけないことに気付いた。今後も謙虚さを失わずにかかわっていきたい」と言っています。

(C)　子育て世代の主婦層の支援者

　Bさんは、3世代同居の家族に育ち、2人の子どもがいる主婦です。現在は認知症の被後見人を担当しています。被後見人の自宅を月に2回

ほど訪問して、被後見人と話をしています。被後見人は60歳代後半で、小規模多機能型サービスを受けながら、持家に住んでいる女性です。Bさんは後見人として、たとえばお金が足りないと電話があれば渡しに行くなどしています。そして、財布の中身を確認し、持つのに危なくない程度の金額を入れて、被後見人にも見てもらいます。「お米がないので不安だ」と連絡があれば、お米を買って訪問します。また、被後見人は部屋の電気機器の操作がうまくできないため、夏の暑い日はエアコンをタイマーでセットし、冬の寒い時期はこたつを準備するなど、気候や体調にあわせて住環境に気を配っています。時折、被後見人と一緒に、家の中を探検するように衣類を探しながら歩き回るなどして、認知症の進行具合などを観察しています。そういった中でBさんが確認した被後見人の精神状況等について、知多センターの職員は報告を受けることになります。

また、Bさんは、施設に入所している「物盗られ妄想」が強い、80歳代の女性の担当もしています。施設に入所していることから、利用料は自動引落しとなっており、財産管理面で特に必要となる事務はないため、主に身上監護面でかかわっています。被後見人の親族は遠方におり、かかわりを持っていないため、施設を訪れる人がいません。そこで、定期的に被後見人を訪問して話し相手になっています。また、被後見人の様子を見ているのが施設だけになるので、本人主体の目線から、施設のサービスの状況や、被後見人の身体状況・精神状況を確認しています。施設との担当者会議やケア会議にも参加しています。

Bさんが訪問を始めてから3年ほどになるので、被後見人もBさんの顔をしっかり覚えており、遠くからでもBさんを見つけると、うれしそうな顔をします。「自分のために来てくれる人だ」という信頼関係はできているようです。

▶第2章　市民後見人の養成・支援の実際

　被後見人は、Bさんに、施設での生活や出来事をいろいろ話します。時々、「施設には内緒よ」と、施設職員の不満もつぶやいています。Bさんは、これらの話を聞いて、内容に応じて知多センターの職員に報告し、必要な場合には改善に向けた働きかけをすることもあります。
　このような生活支援員のおかげで、知多センターは成り立っているのです。

（6(3)　知多地域成年後見センター　今井　友乃）

第3章

市民後見人の実務

▶第3章　市民後見人の実務

1　成年後見の基本理念と求められる倫理

(1)　新しい成年後見制度

　平成12年4月に成年後見制度が始まるまでは、禁治産制度と準禁治産制度という2つの制度がありましたが、現在の成年後見制度と比べるとこれらの制度は本人保護の理念に重点を置いたやや硬直的な制度でした。

　一口に判断能力が衰えているといっても、本人の状態や支援の必要性は人それぞれです。しかし従来の制度は、その法的な効果（後見人の権限）が画一的であったために、本人の状態にあわせた弾力的な運用は難しく、場合によっては本人の保護の名のもとに過剰に干渉してしまうという面もありました。また、現在の補助に当たるような、判断能力の低下が軽度にとどまっている場合に対応する制度もありませんでした。

　そのほか、「禁治産」（治産を禁ずる）という名称に対するマイナスイメージや、制度を利用するときにかかる時間や鑑定コストが現在と比べて非常に多くかかっていたこともあり、あまり利用されてはいませんでした。

　しかし、急速な高齢社会を迎える中で、高齢・障がいという特性のある人の意思や自己決定を尊重し、障がいのある人も地域で普通に生活することができるというノーマライゼーションに根ざした社会が求められるようになり、精神上の障がいにより判断能力が不十分であるため法律行為における意思決定が困難である方々について、その判断能力を補い、生命・身体・自由・財産等の権利を擁護する制度として、従来の制度を改正し、新しい成年後見制度が開始されたのです。

　成年後見制度は、介護保険制度と密接な関係があります。介護保険制度は、「措置から契約へ」という言葉に代表されるような社会福祉基礎構造改革とともに生まれてきました。ここでは、必要な介護サービスを、

利用者がみずからの意思で選択し、決定することになります。しかし、認知症等で判断能力が不十分な場合、それが難しいことも少なくありません。成年後見制度は、こういった場面で、判断能力の衰えてきた本人について、「契約」などの法律行為を代理するなどして本人を支え、ひいては日常生活を支援する、重要な役割を担うものとして登場しており、介護保険制度と成年後見制度は表裏一体の関係にあるということができます。

このことは、さまざまな障がいにより、判断能力が十分ではない人を支援するという観点からも同様です。

(2) 成年後見制度の理念

この新しい成年後見制度の理念として、ノーマライゼーション、自己決定の尊重、現有（残存）能力の活用、があげられます。

(A) ノーマライゼーション

ノーマライゼーションとは、障がいのある人も、家庭や地域で普通の生活ができるような社会をつくるという理念を指しています。

ここで求めているものは、障がいのある人もない人も同じように、人間的に豊かに暮らすことができるために社会環境を整備することです。決して、人が社会に適合することを強制するものではありません。

後見人としては、「特定の価値観や行動を利用者に強制するのではなく、むしろ逆に、利用者それぞれの多様な個性の発揮や、自由な行動選択の機会を保障することこそが求められている」（上山泰『専門職後見人と身上監護〔第2版〕』（民事法研究会、2010年）44頁）ことに注意する必要があるでしょう。

(B) 自己決定の尊重

民法858条は、「成年後見人は、成年被後見人の生活、療養看護及び財産の管理に関する事務を行うに当たっては、成年被後見人の意思を尊重

し、かつ、その心身の状態及び生活の状況に配慮しなければならない」と規定しています。

　判断能力が不十分な高齢者や障がい者についても、1人の人間として、その方の意思を最大限に尊重することは当然です。このことは、本人の保護のためによかれと思って行った行為が、結果的に第三者による干渉になってしまうケースもありますから、十分に留意しなければならない点です。

　ただ、本人の不十分な判断能力に乗じて他者からなされた権利侵害（たとえば悪質商法による消費者被害、虐待など）により、本人が不利益を受けてしまうようなケースでは、いくら本人が決めたことだからといっても、そのまま放置し容認することはできません。自己決定の尊重とあわせて、本人の保護についても考えざるを得ないということになります。

　実は、後見人として実際に活動するときに、最も頭を悩まされるのがこの問題です。本人保護と自己決定の尊重との間で、どのようにバランスをとって判断すればよいのか。これは、非常に難しい問題です。

　後見人としては、後見人個人の価値感を被後見人本人に押しつけることは厳に慎むべきです。そして、本人の行った自己決定が客観的に見て一般の価値感と明らかに食い違う場合でも、それが本人の身上や生活にとってどのような意味を持つ決定なのかを常に推し量りながら判断する慎重さが求められます。

(C) 現有（残存）能力の活用

　自己決定の尊重をさらに追求すれば、社会の中で遭遇するさまざまな選択の場面で、本人が自分自身で考え決定することの機会をも尊重するということにつながります。

　そのためには、本人が実際に持っている能力を最大限に尊重し、本人ができることは本人にしてもらう（他人がむやみに干渉しない）ことが必

要です。これが、現有（残存）能力の活用といわれる理念です。

　ただ、本人の自己決定の機会を最大限に尊重するということからすれば、自己決定の有無だけを問題にするのではなく、本人に対して適切な情報提供や支援があれば有効な自己決定が可能であると思われる場合には、後見人等の支援者が、本人が自己決定できるような支援・働きかけを積極的に行っていくことが望ましいといえるでしょう。

コラム　民法の中のノーマライゼーション

　平成11年の民法改正によって、ノーマライゼーションという概念が、自己決定の尊重等と並ぶ新しい理念として、成年後見制度に持ち込まれました。当時の立法担当者は、「ノーマライゼーションとは、障害のある人も家庭や地域で通常の生活をすることができるような社会をつくるという理念で、北欧諸国で提唱されて以来、それらの国々の福祉政策の基本理念となるとともに、1970年代のアメリカの福祉政策を推進する理念となるなど、現在では国際的に定着した理念である」と説明しています。わが国では、平成5年の障害者基本法改正、平成7年の障害者プラン（ノーマライゼーション7カ年計画）といった一連の障がい者福祉政策の基礎に、このノーマライゼーション理念が置かれており、成年後見制度改正時のノーマライゼーション理念の取込みも、この流れの一環だったようです（小林昭彦ほか『新成年後見制度の解説』（金融財政事情研究会、2000年）6頁）。

　しかし、近年の諸外国では、北欧等の一部地域を除き、ノーマライゼーションという用語それ自体を使用する例はかなり少ないように見受けられます。たとえば、現代的な成年後見制度の理念に基づいて、頻繁な法改正を繰り返しているドイツの立法資料や解説書を見ても、ノーマライゼーションという表記の痕跡は見当たりません。また、近年の西欧諸国における成年後見改革の理念的基盤である、1999年のEU評議会勧告や2006年の国連障害者権利条約の中にも、ノーマライゼーションという表現を直接には見出せません。

> また、ノーマライゼーション思想に基づく成年後見制度を民法に入れることが、民法の人概念の変質をもたらし、民法の基本構造の転換にまでつながる可能性も指摘されています。ごく簡単にいえば、現在の民法が原則的には一定の資産を持った人だけを対象としているのに対して、ノーマライゼーション理念が入ることで、資産のない障がい者等も含む、すべての人が正面から民法の対象になる可能性が開けてくるということです（内田貴『債権法の新時代』（商事法務、2009年）21頁以下。ただし、内田自身はこれに否定的）。しかし、この点について、従来の民法の基本構造との整合性を含めた本格的な検討は進んでいません。
> こうしてみると、ノーマライゼーションという概念については、その具体的な意義の明確化はもとより、そもそもノーマライゼーションという用語使用それ自体の適切さ（たとえば、インクルージョン概念への転換等）も含めて、もっと議論を積み重ねる必要があるように感じられます。
>
> （筑波大学法科大学院教授　上山　泰）

⑶　後見人に求められる倫理

(A)　後見人の責任

　財産管理の代理権を持つ後見人については、本人の財産を代理人として管理するわけですから、預かっている財産から不正な支出を行ったり、不明朗な会計処理をすることが許されないのは当たり前のことです。もし、そのようなことが実際にあれば、民事上や刑事上の責任を問われることとなります。

　成年後見制度では、後見人に広範な権限（代理権、同意権・取消権）が与えられます。それは、判断能力が不十分な被後見人が、人としての尊厳を守られた、その人らしい生活を送ることができるように、本人の財産を後見人に託し、後見人が適切な支援を行うことが、社会的に期待されているからです。

後見人は、こうした期待や信頼を万が一にも裏切るようなことがあってはなりません。後見人としての責任は非常に重いものがありますが、その背後には、被後見人本人の人生や日々の生活があることを忘れてはならないのです。

　実際に、東京家庭裁判所での後見人の職務遂行をめぐる問題事例をみると、横領・背任行為またはこれらとの限界が問題となる事例として、以下のようなものがあげられています（東京家裁後見問題研究会『東京家裁後見センターにおける成年後見制度運用の状況と課題』判例タイムズ1165号（2005年）108頁）。

① 使い込み、無断借用・流用
② 虚偽の名目による支出、過大な支出
③ 後見人または親族への贈与
④ 後見人その他の親族に対する扶養
⑤ 後見人または親族への金銭の貸付け
⑥ 立替金、介護の日当・費用、見舞の日当・費用の支払い
⑦ 被後見人と後見人およびその家族とが生計を共にしている場合における被後見人の生活費および介護料等の支出
⑧ 施設等への寄付・謝礼、差額ベッド、冠婚葬祭等の交際費の限界
⑨ 後見開始・後見人選任前の不正・不明朗な支出

　もちろん、適正に行われた後見事務に要した費用や、親族等が立て替えた裏付資料のある医療費などの支払いが問題になるというわけではありません。しかし、親族への扶養や被後見人の生活費等の負担の問題など、事例によって判断が分かれるようなケースでは、明確な根拠なしに「これくらいはかまわないだろう」などという思い込みによって支出をすることは避けなければなりません。個々の事情にあわせて相応の理由があるのであれば、事前に家庭裁判所と打ち合わせるなどして、慎重に

▶第3章　市民後見人の実務

対応する必要があります。

　それでは、後見人として、心がけておかなければならない職務姿勢とはどのようなことなのでしょうか。

　(B)　**身上配慮義務**

　後見人には、被後見人の「心身の状態及び生活の状況に配慮しなければならない」（民法858条）という身上配慮義務がありますが、この規定は、後見人の事務処理の指針を示したものといわれています。

　本来、後見人の財産管理は、支出の対象となる身上監護事項に関する契約と無縁ではいられませんし、単に収入支出の財産管理だけを行っていればよいということではありません。

　一定の支出を伴う後見事務を行う場合に、その支出を伴う契約等が、本人の心身や生活にどのような影響を及ぼすことになるのか、生活を常に見守りながら、後見事務を行うことが求められています。また、本人の最善の利益をめざす努力も必要でしょう。

　そのためには、被後見人本人への理解や共感をもつことと、被後見人の意思を、1人の人間として十分に尊重していく執務姿勢が必要となってきます。

　(C)　**本人の権利擁護**

　後見人は、被後見人本人の権利を擁護する、いわば最後の砦です。

　もし、後見人が、本人の意思や希望に反し、別の誰かの利益になるような行為を行ったとしたら、その損害の回復は非常に困難ですし、今後の本人の生活に多大な被害を与えることにもなりかねません。

　後見人は、あくまで、本人がよりよい生活を送るための執務を心がけなければなりませんし、本人の利益にならない行為を勝手に行うことはできません。

　しかし、時として、被後見人の周囲にいる関係者の声に惑わされそう

になることがあります。本人の親族をはじめとする関係者がすべて問題を持っているわけではありませんが、家族や親族などの関係者の利害を強く押し出してくるケースもあります。たとえば、親族への生前贈与や融資など、本人以外の関係者にとって都合のよい結果を求めて後見人に接触してくることがあるのです。

こういった場合、後見人としては、「自分が被後見人の権利擁護の砦である」という自覚を持つことが必要です。

後見人と、被後見人の家族や親族との関係は、良好であるに越したことはありませんが、時と場合によっては、適度に距離をおくことも必要です。

また、家族の扶養義務の問題が発生し、被後見人の財産を親族等に支出することが求められるようなときには、安易に要請に応じるのではなく、後見監督人や家庭裁判所と十分に相談して対処することが必要です。

(D) 権限の範囲を自覚する

後見人には、民法の規定や家庭裁判所が個別に付与した代理権、同意権（取消権）が与えられており、こうした権限に基づいて後見人は後見事務を行うことになります。ただし、いくら必要だからといって、与えられていない権限を行使することはできません。

たとえば、民法13条の同意権（取消権）しか持っていない保佐人は、いくら本人に必要であったとしても、本人所有の不動産の賃貸借契約を締結したり、売却を行うことはできないのです。

もし、そうした代理権が必要になった場合には、速やかに、別途、家庭裁判所に代理権等の付与を申し立て、決定をもらう必要があります。

後見人の職務は法律によって定められていることを認識し、自分の後見人としての権限（役割）とその限界を冷静に把握しておく必要があります。

(E) 関係機関との連携・相談

　後見人として実際に活動する現場では、さまざまなことが起こります。そして、後見人はそのつど、それまでの自分の人生経験や知識を最大限に活用して、個々の問題に対処しなければなりません。いわば、後見人としての活動には、人として試されているような側面があるといえます。

　ただ、後見人は、被後見人とは別の人格をもった人間です。いくら理解に努め、共感できたとしても、完全に同じ人間になれるわけではありません。

　ですから、何かを判断するときには、後見人の主観的な判断のみによることなく、謙虚に、後見監督人や関係機関、家庭裁判所などに相談する姿勢が必要です。決して、問題を後見人自身で抱え込まないことが大切です。

　また、現在の法律では、後見人の権限として明確には認められていない行為も少なからずあります。

　たとえば、身分法上の行為（婚姻、離婚、養子縁組、養子離縁、認知、遺言など）については、後見人の代理権が原則として及ばないとされています。

　また、後見人は、医療契約についての代理行為はできますが、個別の医療行為について同意をすることは、その権限に含まれないとされています。実際の医療現場では、この問題がこれからますます顕在化してくるものと考えられますので、立法も含めた何らかの解決策が必要だと思われます。

　さらに、被後見人が死亡すると、後見人としては任務が終了することになりますが、本人に身寄りがない場合などに、葬儀等のいわゆる死後の事務の問題が生じることがあります。しかし、相続の問題とも関係しますので、慎重に後見監督人や家庭裁判所とも相談して対応する必要が

あります。

　後見人として活動していく中では、このような後見人の権限として明確に認められているとはいえない場面に遭遇することがあるかもしれません。そのような場合においては、本人の関係者や関係機関と十分に協議して独善に陥らないような執務を心がけることが必要です。

（1　司法書士　前田　稔）

コラム　「困ったときはまず相談」

　後見人は、財産管理や身上監護を通じて、被後見人の生活に大きな権限と責任を持ちます。

　また、後見人の仕事は専門的で、気を付けなければならないことがたくさんあります。たとえば、一般の市民感覚では問題ないと思うようなことであっても、専門家から見れば問題があることもあります。

　ですから、市民が後見人として取り組んでいく際には、その後見活動の中に「とても怖いこと」が潜んでいる、という意識を持つ必要があります。

　したがって、市民後見人は、後見人活動で問題が生じたときや判断に迷ったときは、後見監督人や支援組織、家庭裁判所に「まず相談する」という慎重な姿勢が欠かせません。

　また、今は問題がないと思っていたとしても、被後見人の希望を傾聴しながら「何か見落としていることはないか。被後見人のためにもっとできることはないか」と考え続けることも大切です。

　こうしたことのために、市民後見人は後見監督人などの後見活動の専門家、被後見人を支える福祉や医療の関係者や親族、そして市民後見人の仲間など、さまざまな人たちと積極的に交流しながら活動したいものです。

　「困ったときはまず相談する」、「現状に満足せず自分の活動を省みる」、「人と積極的に交流しながら活動する」。そのような市民後見人が期待されています。

▶第3章　市民後見人の実務

市民後見人の後見活動における留意点

(品川成年後見センター)

1　**本人の利益を擁護していますか**
　　決して家族や第三者のためではなく、本人の最善の利益へと導くために後見活動をします。

2　**本人の意思を尊重していますか**
　　「本人保護」の美名の下に、市民後見人の主観的な価値観や一面的な判断に基づく後見活動を厳に慎みます。

3　**財産管理だけになっていませんか**
　　身上監護（生活全般への関わり）を重視し、本人の病状や環境の変化を見逃さないように見守り、虐待の防止、福祉・施設サービス等の改善要求にも努めます。

4　**後見人の権限を理解していますか**
　　きめ細かい後見活動を目指しながらも、一身専属的な行為、医療行為の同意、事実行為（法律行為に付随する事実行為や見守りを除く）などは、後見人の仕事には含まれないことを理解します。

5　**本人と適度な距離を置いていますか**
　　後見人はやはり家族やヘルパーでもないことや、善意が通じないこともあるので本人との適度な距離間を保ちます。

6　**外部から執務の公正に対する疑惑・不信を招く行為をしていませんか**
　　法令順守や個人情報保護の厳守に努め、後見人に選任されれば「公的な立場」になることを自覚します。

世田谷区社会福祉協議会　小渕　由紀夫
品川区社会福祉協議会品川成年後見センター　齋藤　修一

2 選任直後の職務

(1) 成年後見人の場合

《事例1》
　私は、市民後見人としてＡ市に登録しています。特別養護老人ホームに入所している認知症のＢさんについて、成年後見人候補者となり、市長申立てがなされ、Ｂさんについて後見を開始する旨、Ｂさんの成年後見人に私を選任する旨、Ａ市社会福祉協議会をＢさんの成年後見監督人に選任する旨の審判書謄本が届きました。成年後見人となった私は、まず何から始めればよいのでしょうか。

　審判書が送達されて、審判についての即時抗告期間（2週間：家事審判法14条）が経過すると、審判が確定し、成年後見人としての職務が始まることになります。

　審判確定後、家庭裁判所が東京法務局に審判内容を登記してもらうよう依頼します。登記が済み次第、家庭裁判所が、成年後見人に対し、登記番号を通知します。この登記手続には2週間程度かかります。

　成年後見人は、まず財産目録を作成し、1カ月以内に家庭裁判所に提出するとともに、年間収支予定を立てなければなりません（民法853条）。成年後見人は、この財産目録の作成が終わるまでは、漏水、ガス漏れといったライフラインに関するような急迫の必要がある行為しかできません（民法854条）。

　ところで、成年後見人は、本人の財産の全般的な管理権とともに代理権を有します。そして、成年被後見人（本人）の生活、療養看護および財産の管理に関する事務を行うにあたっては、本人の意思を尊重し、かつ、その心身の状態および生活の状況に配慮する必要がある（身上配慮

義務）ことを常に意識しておかなければなりません（民法858条）。

　事例１では、市民後見人は、まず成年後見監督人に選任されているＡ市社会福祉協議会に審判書が届いた旨の連絡をし、その指示に従って、財産目録の作成に着手します。

　本人の財産目録を作成するには、本人の財産調査をしなければなりませんが、そのためには、自分がＢさんの成年後見人であることの証明書である「登記事項証明書」を取得しておく必要があります。登記事項証明書は、法務局・地方法務局で取得します（申請書は書式３－１、登記事項証明書は書式３－２）。

〈登記事項証明書の取得先・方法〉
東京法務局民事行政部後見登録課……直接取得、郵送
　（〒102-8226　東京都千代田区九段南１－１－15　九段第
　２号合同庁舎４階）
その他の法務局・地方法務局……直接取得

　また、選任された事案を正確に把握するために、申立書やその添付資料など家庭裁判所に提出された記録を閲覧したり、必要があれば家庭裁判所の許可を得て記録の謄写をします。その際、市町村長申立ての事案であれば、事例１の場合ではＡ市の市長申立ての担当者から、記録について情報を提供してもらう方法もあります。

　こうして、登記事項証明書を取得し、事案を正確に把握したら、事例１ではＡ市社会福祉協議会が成年後見監督人に選任されていますので、その立会いのもとで財産を調査し、目録を作成しなければなりません（民法853条２項）。

　まず、ＢさんまたはＢさんの財産を管理している人から、財産の引渡しを求めます。

▶ 2 選任直後の職務

【書式3-1】登記事項証明申請書

登記事項証明申請書
（成年後見登記用）

東京 法務局　御中
平成23年4月1日申請

請求される方 (請求権者)	住　所	東京都千代田区霞が関1丁目1番1号	収入印紙を貼るところ
	（フリガナ）	コウケン　タロウ	収入印紙は割印をしないでここに貼ってください。
	氏　名	後 見　太 郎　　㊞ 連絡先（電話番号　03 - 5213 - 1360）	

請求される方の資格	1 □本人(成年被後見人、被保佐人、被補助人、任意後見契約の本人、後見・保佐・補助命令の本人) 2 ☑成年後見人　6 □成年後見監督人　7 □保佐監督人 3 □保佐人　　　8 □補助監督人　　9 □任意後見監督人 4 □補助人　　　10 □配偶者　　11 □四親等内の親族 5 □任意後見受任者　12 □未成年後見人　13 □未成年後見監督人 　（任意後見人）　14 □職務代行者　15 □財産の管理者

代理人 (上記の方から頼まれた方)	住　所		収入印紙は1通につき550円です（ただし、1通の枚数が50枚を超えた場合は、超える50枚ごとに100円が加算されます）
	（フリガナ）		
	氏　名	㊞ 連絡先（電話番号　　－　　－　）	

添付書類	□戸籍謄本または抄本など本人との関係を証する書面（上欄中10、11、12、13の方が申請するときに必要。発行から3か月以内のもの） □委任状（代理人が申請するときに必要） □法人の代表者の資格を証する書面（上欄中2～9の方が法人であるとき、及び法人が代理人として申請するときも必要。いずれも発行から3か月以内のもの）

後見登記等の種別及び請求の通数	☑後見　□保佐　□補助　　　　　（　1 通） □任意後見契約　　　　　　　　　（　　通） □後見命令　□保佐命令　□補助命令（　　通）	※印紙は申請書ごとに必要な通数分を貼ってください。 ※登記印紙も使用することができます。

●登記記録を特定するための事項

（フリガナ）	コウケン　イチロウ
本人の氏名 (成年被後見人等)	後 見　一 郎

（登記番号がわかっている場合は、記入してください。）

登記番号	第　　　－　　　号

（登記番号が不明の場合に記入してください。）

本人の生年月日	明治・大正・㊊・平成 / 西暦　　19年　1月　17日生	本人確認資料 □請求権者 □代理人
本人の住所	東京都千代田区九段南1丁目1番15号	□運転免許証 □健康保険証 □パスポート □その他 （　　　　　）
または本人の本籍 (国籍)		

交付通数		交付枚数 (合計)	手 数 料	交付方法	受付				
50枚まで	51枚以上			□窓口交付 □郵送交付	交付	年	月	日	
						年	月	日	

記入方法等　1　二重線の枠内の該当事項の□に☑のようにチェックし、所要事項を記入してください。
　　　　　2　「登記記録を特定するための事項」には、登記番号が判っている場合は、本人の氏名と登記番号を、不明な場合は本人の氏名・生年月日・住所または本籍（本人が外国人の場合には、国籍）を記載してください。
　　　　　3　郵送請求の場合には、返信用封筒（あて名を書いて、切手を貼ったもの）を同封し下記のあて先に送付してください。
　　　　　　申請書送付先：〒102-8226　東京都千代田区九段南1-1-15　九段第2合同庁舎
　　　　　　　　　　　　　東京法務局民事行政部後見登録課

証明書申請の際、請求される方（代理申請の場合は代理人）の本人確認に関する書類（運転免許証・健康保険証・パスポート等、住所・氏名及び生年月日が分かる書類）を提示していただきますようお願いいたします。
郵送申請の場合は、申請書類とともに、上記本人確認書類のコピーを同封していただきますようお願いいたします。

139

▶第 3 章　市民後見人の実務

【書式 3 − 2 】登記事項証明書（後見）

登記事項証明書

［後　見］

後見開始の裁判
　　【裁 判 所】　○○家庭裁判所
　　【事件の表示】　平成22年(家イ)第○○号
　　【裁判の確定日】　平成22年○月○日
　　【登記年月日】　平成22年○月○日
　　【登記番号】　第2010-○○号

成年被後見人
　　【氏　　名】　甲野太郎
　　【生年月日】　昭和○年○月○日
　　【住　　所】　○○県○○市○○町○○丁目○○番地の○
　　【本　　籍】　○○県○○市○○町○○番

成年後見人
　　【氏　　名】　甲野夏男
　　【住　　所】　○○県○○市△○町○番○号　ハイツ桜山23号
　　【選任の裁判確定日】　平成22年○月○日
　　【登記年月日】　平成22年○月○日

成年後見監督人
　　【氏　　名】　丁山甲太郎
　　【住　　所】　○○県○×市△○町○○番○○号
　　【選任の裁判確定日】　平成22年○月○日
　　【登記年月日】　平成22年○月○日

上記のとおり後見登記等ファイルに記録されていることを証明する。
　　平成23年○月○日
　　　　東京法務局　登記官　　　九　段　五　郎　［公印］

［証明書番号］　2011-○○○　（1／1）

判明した財産を確保したのち、たとえば、預貯金の通帳、キャッシュカード、銀行届出印、不動産の登記識別情報（登記済権利証）、株券、保険証券、年金証書、貴金属類等については、目録に記入していきます。また、これらの通帳等は、できる限り金融機関の貸金庫や耐火金庫で管理することが望ましいでしょう（一部の社会福祉協議会では金融機関の貸金庫の利用提供をしていますので、その利用の可否も確認しましょう）。

財産調査は1カ月以内に終了し、財産目録を作成して、成年後見監督人へ報告して確認を受けた後に、家庭裁判所に提出しなければなりません（民法853条1項）。ただし、1カ月以内に提出することが困難な場合は、家庭裁判所の裁量により期間を伸長することが可能となります（同条1項ただし書）。

財産の調査、財産目録の作成には、A市社会福祉協議会の立会いが必要とされていますので、立会いのない財産調査・財産目録は無効です。この立会いは、本人の財産調査や財産目録の作成時に、調査や計算が適正に行われていることを確認するためのものです。

財産調査、財産目録作成とあわせて、関係機関へ、成年後見人に就任したことの届出をします。具体的には、銀行、証券会社などの金融機関に成年後見届を提出したうえで、管理する口座名義を、「B（本人名）成年後見人　□□（市民後見人名）」に変更することが必要です（書式3－3－①）。

また、年金事務所、健康保険や介護保険等の市の担当者には、関係書類の送付先を成年後見人であるあなたのところにしてもらうように変更の届出をします（書式3－3－②③）。なお、関係機関等に提出した書類は、その写しを後見活動記録につづっておきましょう。

これらの事務とあわせて、Bさん本人と、今後の後見事務を行うにあたってかかわってくる関係者（親族、知人、A市のケースワーカー、ケア

▶第3章 市民後見人の実務

【書式3-3-①】成年後見に関する届出書（金融機関用）

※各金融機関の用紙をご使用ください。

成年後見制度に関する届出書（新規・変更・終了）

年　　月　　日

　　　　銀行
　　支店　御中

本人	おところ	〒　　－　　　　　　　　　　電話（　　－　　－　　）	
	おなまえ	フリガナ	お届け印

該当する項目を○で囲んでください。補助人保佐人成年後見人任意後見人	おところ	〒　　－　　　　　　　　　　電話（　　－　　－　　）	
	おなまえ	フリガナ	実印

　私（本人）は，成年後見制度に係る家庭裁判所の審判を受けましたので，貴社との取引について，次のとおりお届けいたします。
　なお，届出内容に変更があった場合には，改めてお届けいたします。

1．審判の内容（該当する項目を○で囲んでください。）

審判等の種類	補助・保佐・成年後見・成年後見等の終了 任意後見（任意後見監督人の選任）・任意後見の終了(解除)
代理権・同意権付与の有無	代理権付与の審判・同意権（取消権）付与の審判
代理権・同意権の内容	添付資料のとおり
添付資料	・登記事項証明書 ・家庭裁判所の審判書の銀行届出用抄本（理由部分のみを省略したもの）および確定証明書
その他審判	

2．現在の取引種類

3．その他

▶ 2　選任直後の職務

【書式3－3－②】介護保険送付先変更申請書

※各市区町村の様式を使用してください。

介護保険送付先変更申請書

申請日　平成　　年　　月　　日

介護保険課長　あて

　次の被保険者に関する通知について，送付先を下記のとおり変更してください。

1．被保険者氏名等
　　被保険者番号（　　　　　　　　）
　　住　所　　〒　　－
　　　　　　　_____
　　　フリガナ
　　氏　名　_____（男・女）
　　生年月日　明治・大正・昭和　　年　　月　　日
　　電話番号　_____（　　　）_____

2．送付先住所等
　　住　所　　〒　　－
　　　　　　　_____
　　　フリガナ
　　氏　名　_____
　　被保険者との関係（　　　　　　　　　　　）
　　電話番号　_____（　　　）_____自宅・勤務先　その他（　　　）

3．送付先を変更する理由（具体的に記入してください）

4．申請者
　　住　所　　〒　　－
　　　　　　　_____
　　　フリガナ
　　氏　名　_____
　　被保険者との関係（　　　　　　　　　　　）
　　電話番号　_____（　　　）_____自宅・勤務先　その他（　　　）

143

▶第3章　市民後見人の実務

マネジャー、ソーシャルワーカー、民生委員等）と面談し、Bさんの生活、健康等の状況を把握しておく必要があります。その際、A市のケースワーカーおよびA市社会福祉協議会に、面談やカンファレンスの連絡・調整をしてもらうとよいでしょう。

　以上のようにして財産調査をし、財産目録を作成したのち、家庭裁判所に提出する前に、A市社会福祉協議会に確認してもらいます。そして、A市社会福祉協議会が確認したことを記した報告書を添えて、家庭裁判所に提出します（書式3－4）。この財産目録には、記帳した通帳の写し（コピー）などの裏付け資料も添付しなければなりません（通帳の写しを添付する際は表紙の写しも忘れないようにしましょう）。

【書式3－3－③】年金受給権者住所・支払機関変更届

▶ 2 選任直後の職務

【書式3−4−①】財産目録提出報告書

```
                                    平成○○年○○月○○日

○○家庭裁判所
裁判所書記官  ○○  ○○  様

                       成年後見人  ○○  ○○

            財産目録の提出について

 平成○○年(家)第○○○○○号後見開始事件に係る成年被後見人○○○○さんの財産目録について下記により提出いたします。

                   記
1  事務報告書（就職時）
2  財産目録
3  年間収支予定表
4  関係通帳等の写し
```

【書式3−4−②】事務報告書（就職時）

```
平成23年(家)第○○○○○号    後見開始の審判申立事件
              事務報告書（就職時）
                          平成23年    月    日
○○家庭裁判所  御中
              住所    東京都○○区○○町○−○−○
              氏名    成年被後見人○○○○の成年後見人
                      ○○○○
                      （電話番号  00-0000-0000）

 ○○○○さんの財産について調査を終了しましたので，以下のとおり報告します。
  1  ○○○○さんの財産の内容は，別紙財産目録のとおりです。
  2  ○○○○さんの収支予定表は，別紙収支予定表のとおりです。
  3  ○○○○さんの生活や財産について，困っていることは，
      □特にありません。    □以下のことで困っております。
      (                                                    )
  4  その他，気になっていることは，
      □特にありません。    □以下のことが気になっております。
      (                                                    )
```

145

▶第3章 市民後見人の実務

【書式3-4-③】選任時提出用の財産目録

平成23年(家)第○○○○○号

財産目録(平成23年5月末日現在)

1．不動産

番号	所在，種類，面積等	備　考（変動事項等）
1	なし	

2．預貯金，現金　　　　　　　　　　　　　　　　　　　　　単位：円

番号	金融機関名，口座番号	種類	申立時金額(円)	今回（平成23年5月末）金額	備考(変動事項等)
1	○○銀行　総合口座 (○○○○○○○○○)	普通	○○○○○	○○○○○	
		定額貯金	○○○○○○	○○○○○○	
2	○○銀行定額定期貯金証書 (○○○○○○○)	定期	○○○○○○	○○○○○○	
3	○○銀行○○町支店 (○○○○○○○)	自動積立定期	○○○○○○	○○○○○○	
4	○○銀行○○支店 (○○○○○○○)	○○○○	自動積立定期	○○○○○	○○○○○	
		○○○○	定期	○○○○○	○○○○○	
		○○○○	普通	○○○○○	○○○○○	
5	○○銀行○○○支店 (○○○○○○○)	普通	○○○○○	○○○○○	
		定期	○○○○○○	○○○○○○	
6	○○銀行○○支店 (○○○○○)	定期	○○○○○	○○○○○	
		普通	○○○○	○○○○	
	現金・預貯金総額		○○○○○○	○○○○○○	
	申立時との差額＋			○○○○	

3．その他の資産（保険契約，株券，各種金融資産等）

番号	種類（証券番号等）	金額(数量)	備　考（変動事項等）
	なし		

4．負債

番号	種類（債権者）	金額(円)	備　考（変動事項等）
	なし		

負債総額　　　0円

平成23年5月31日

作成者氏名　　○○○○　　印

【書式3-4-④】年間収支予定表

(選任時―初回報告用)
平成○○年(家)第○○○○○号

被後見人等の年間収支予定表

(年額)

1 被後見人等の収入

種　　別	名称・支給者等	金　額（円）	入金先通帳・頻度等
年金	国民年金	○○○○○	
合　　計		○○○○○	

2 被後見人等の支出

品　　目	支払先等	金　額（円）	月額・使用通帳等
施設利用料	○○ホーム	○○○○○○	
地代賃料		○○○○○○	
固定資産税		○○○○○	
国民健康保険		○○○○○	
介護保険料		○○○○○	○○○○/月×6回 (2,4,6,8,10,12月)
公共料金	光熱水費・電話	○○○○○	
合　　計		○○○○○○	

※収支が赤字になる場合の対処方針
　不足分は，本人の預貯金が十分あり，充当していく予定である。

平成○○年○○月○○日
作成者氏名　　○○　○○　　印

▶第3章　市民後見人の実務

(2) 補助人・保佐人の場合

《事例2》
　私は、市民後見人としてＡ市に登録しています。在宅生活をしている認知症のＢさんについて、私を補助人候補者として、市長申立てがなされまし、Ｂさんについて補助を開始する旨、Ｂさんの補助人に選任する旨と、Ａ市社会福祉協議会がＢさんの補助監督人に選任する旨、補助人に同意権・代理権を付与する旨の審判書謄本が届きました。
　補助人である私は、まず何から始めればよいのでしょうか。また、保佐人である場合にはどうでしょうか。

　保佐人は、被保佐人が民法13条1項に掲げる行為についての同意権（取消権）が当然にあり、必要に応じて家庭裁判所の審判によって特定の法律行為についての代理権が与えられますので、これに対応した限度で本人の財産を管理することになります。

　補助人は、被補助人（本人）が民法13条1項に掲げる行為のうち必要な同意権や、「特定の法律行為」についての代理権が、必要に応じて、申立てにより家庭裁判所から付与されますので、これに対応した限度で本人の財産を管理することになります。

　保佐人・補助人の職務には、財産管理とともに、本人の生活に関する身上監護があります。これらの事務を行うにあたっては、被保佐人・被補助人の意思を尊重し、心身の状態および生活の状況に配慮する必要があります（保佐については民法876条の5第1項、補助については民法876条の10第1項）。

　被保佐人・被補助人や関係者と面談するときには、本人の判断能力が低下しているとはいえ、自己決定する能力があることを念頭において、財産管理に関する状況を調査する必要があります。また、保佐・補助の

事務を進めていく際の参考として本人の意向を聴取し、将来の判断能力や生活状況の変化を考慮し、財産の利用や管理方法を予測し、確認しておくとよいでしょう。

　本人と接する際には、本人の人格やプライドを傷つけないような配慮が最も重要ですが、とりわけ、知的障がいを持つ本人に対しては、社会的経験の不足からコミュニケーションに支障が生じやすいので、本人の理解しやすい言葉や方法（たとえば、ひらがなでの筆談）で、確認することが求められます。精神障がいを持つ本人に対しては、病状の理解に努め精神的な好不調の波の大小を把握しながら共感する対応が求められます。

　保佐人・補助人が就任直後に行う事務は、基本的に事例1と同様ですが、財産の調査、財産目録の作成については、保佐人・補助人に与えられた代理権（財産管理権）の有無や範囲に応じて、社会福祉協議会や家庭裁判所と相談しながら進めていくことになります。

③　成年後見人就任中の職務

《事例3》
　私は、特別養護老人ホームに入所している認知症のBさんの成年後見人となりました。成年後見監督人のA市社会福祉協議会から、成年後見人としての職務の説明を受けることになっていますが、成年後見人としての一般的な職務をあらかじめ確認しておきたいと思います。

　成年後見人の選任中の職務は、大きく分けると、①財産管理事務、②身上監護事務、③家庭裁判所（成年後見監督人が選任されているときは成年後見監督人）への報告事務、という3つの事務があります。

(1)　財産管理事務

▶第 3 章　市民後見人の実務

　成年後見人は、本人の財産を管理し、かつ、その財産に関する法律行為について本人を代表します（民法859条１項）。つまり、成年後見人には、包括的な財産管理権があります。

(A)　基本的な事務

　預貯金は、通帳記入をして入出金の状況を把握しながら、振込みによって必要な費用の支払いをします。

　現金については、収入や支出を金銭出納帳に記帳して管理します。市販の金銭出納帳やノートを使ってもよく、様式は問われません。個別の収入・支出を裏付ける領収書、レシート等も保管し、家庭裁判所や成年後見監督人に提出を求められた場合にはすぐに応じられるようにしておきます。

　株券・国債・投資信託等の管理は、価格が急落して処分が必要とされる場合を除き、証券会社の口座に預けておきます。価格の変動状況には注意しなければなりません。なお、本人の財産を管理するにあたっては、本人の利益を損なわないよう、元本が保証されたものなど安全確実な方法で行うことを基本として、投機的な運用はしないことが求められています。

　自宅の管理については、土地に投棄物や樹木の張り出しなどがないか、建物については破損、雨漏りがないかなどを調査・点検し、被害拡大・盗難の防止等をします。

　土地または建物を賃貸している場合には、上記の調査・点検をし、賃料、更新事情などを確認します。すでに不動産業者が管理業務をしている場合は、その管理契約書の内容を確認し、適正であれば継続しても差し支えないでしょう。

　本人が自宅に戻れる見込みがなくなり、預貯金等の残高が少なくなってきた場合には、家庭裁判所に居住用不動産の処分の許可申立てをして

(書式3－5)、その許可を得て、自宅の不動産を売却することも検討します。ただし、居住用不動産処分の許可申立てをする場合には、適正な価格で売却することが重要となりますので、不動産業者から収集した査定書を得て周辺の価格を参考にした売却価格を設定し、買い手を探します。家庭裁判所の許可が必要となる「処分」とは、売却だけに限らず、賃貸、賃貸借の解除、抵当権・根抵当権等の設定その他これに準ずる行為です。このような居住用不動産の処分に限らず、非居住用不動産の処分を行う際には、成年後見監督人になっている社会福祉協議会や家庭裁判所とあらかじめ打合せや確認をしっかりとしておきましょう。

　成年被後見人に、年金収入以外に賃料収入等の不動産所得、相続財産の取得等がある場合には、確定申告をし、納税・還付の手続をとります。

　(B)　利益相反行為（資料3－1参照）

　本人と成年後見人がいずれも相続人である場合に遺産分割協議をしたり、成年後見人が本人所有の不動産を買い取る等、本人と成年後見人との間において利益が相反する場合には、「特別代理人選任の申立て」が必要です。

　なお、成年後見人、本人との間や、相互の配偶者、子、孫等（親族が経営する会社を含みます）に対する贈与・貸付けは、原則として認められません。

(2) 身上監護事務

　(A)　基本的な事務

　身上監護事務は、本人の生活全般にわたるものです。成年後見人は、本人の身上に関する法律行為を行うもので、事実行為を行うわけではありませんから、実際の介護や看護をすることは、職務には含まれません。

　身上監護事務の具体的なものとしては、健康診断の受診、治療・入院等医療に関する契約、施設入退所契約、介護サービス利用に関する契約、

▶第3章　市民後見人の実務

【書式3－5】居住用不動産の処分の許可申立書（東京家庭裁判所）

受付印	居住用不動産処分許可　申　立　書
収　入　印　紙　800円 予納郵便切手　　80円	（この欄に収入印紙800円をはる。） （はった印紙に押印しないでください。）

準口頭	基本事件番号　平成　　　年（家　　）第　　　　号
東京家庭裁判所　　　御中 　　　　□立川支部 平成　　　年　　　月　　　日	申立人の署名押印 又は記名押印　　　　　　　　　　　　　　　　　　印
添付書類	□契約書（写し），□処分する不動産の評価証明書，□不動産業者作成の査定書【売却する場合】 □処分する不動産の全部事項証明書（既に提出済みの場合は不要） □ ※後見登記事項に変更がある場合は□住民票の写し，□戸籍謄本

申立人	住　　所	〒　　－　　　　　　　　　　　　　電話　　（　　　） 　　　　　　　　　　　　　　　　　　　　携帯　　（　　　） 　　　　　　　　　　　　　　　　　　　　　　　　（　　　　　方）
	事務所 連絡先	〒　　－　　　　　　　　　　　　　電話　　（　　　） 　　　　　　　　　　　　　　　　　　　　　　　　（　　　　　方）
	フリガナ 氏　　名	

本人	本　　籍	都　道 府　県
	住　　所	〒　　－　　　　　　　　　　　　　電話　　（　　　） 　　　　　　　　　　　　　　　　　　　　　　　　（　　　　　方）
	フリガナ 氏　　名	

(注)太枠の中だけ記入してください。

▶ 3　成年後見人就任中の職務

申　立　て　の　趣　旨		
申立人が	1　被後見人 2　被保佐人 3　被補助人　の別紙物件目録記載の 　　　　　　　不動産につき	ア　別紙売買契約書(案) イ　別紙(根)抵当権設定契約書(案) ウ　別紙賃貸借契約書(案) エ　その他（　　　　　　　　）
のとおり	a　売却　　b　(根)抵当権の設定 c　賃貸　　d　賃貸借の解除 e　その他（　　　　　　　　）	をすることを許可する旨の審判を求める。

申　立　て　の　実　情

(注)太枠の中だけ記入してください。

物　件　目　録

(土　地)

番号	所　　在	地　番	地目	面　積	備　考
		番		平方メートル	

(建　物)

番号	所　　在	家屋 番号	種類	構造	床面積	備　考
					平方メートル	

(注)太枠の中だけ記入してください。

153

▶第3章　市民後見人の実務

(資料3−1) 後見人のチェック一覧

(品川成年後見センター作成)

犯罪行為事項
①　使い込み・無断借用・流用（業務上横領罪　刑法253条） ②　虚偽の名目による支出、過大な支出（同上） ③　回収不確実な貸付（背任罪　刑法247条） ④　値下がり確実な株式の購入（同上）

禁 止 事 項
①　施設・介護サービス事業者等への寄付 ②　投資・投機 ③　被後見人を契約者・被保険者、後見人を受取人とする生命保険契約

原則不可事項
①　後見人又は親族への贈与 ②　後見人・親族への金銭の貸付

要 協 議 事 項
①　親族に対する扶養 ②　親族からの立て替え金の支払 ③　個室や差額ベッドの利用 ④　冠婚葬祭等における祝儀・香典 ⑤　被後見人名義の不動産の利用 ⑥　被後見人に債務を負担させること

　療養看護に関する契約等です。これらの契約に関する事前調査、契約後の費用の支払い、処遇・サービス提供についての監視等を行います。たとえば、施設や医療機関で虐待、身体拘束等の権利侵害を受けていないかを見守り、そのような事実があった場合には、その施設や医療機関に説明・改善を求め、必要に応じて行政への通報も検討します。

　これらの身上監護事務を的確に行うため、一般的な見守り、アドヴォカシー（本人の利益を代弁すること）活動を行います。

　また、本人に緊急的な事態が生じたときの対応については、あらかじ

め成年後見監督人と相談し、本人の親族や関係者を含めた連絡体制や役割分担を決めておきます。

このような身上監護事務については、家庭裁判所や成年後見監督人に提出する後見報告書に記入することになりますので、具体的にどのような行動をしたか、後見活動を記録しておきましょう。

(B) **注意点——身元保証、一身専属的行為、医療同意等**

施設入所の契約の際に、成年後見人は、身元引受人（身元保証人）になるよう求められることがあります。しかし、身元引受（身元保証）は、成年後見人の職務ではありません。このような場合、施設が身元引受人（身元保証人）にどのような役割を求めているかを確認し、たとえば、成年後見人は支払いや緊急連絡先になることは引き受けられることを説明し、本人の債務や損害賠償等の連帯保証責任や身柄引取り等については対応できないことを伝えます。

また、婚姻・離婚・認知・養子縁組・離縁・遺言等については、本人しかできないもの（一身専属的行為）と考えられており、成年後見人の職務ではありません。

さらに、成年後見人がよく直面する課題として、医療行為に対する同意があります。医療や診察等を受ける契約を医療機関と締結することは成年後見人の職務です。しかし、個々の医療行為に対する同意権（医師の説明を聞いて、医療行為をするかしないか、する場合にはどの医療行為を選択するかなどを決定する権限）は、成年後見人にはないとされています。ただ、最近では、軽微な医療行為については同意権を認めるべきであるとの見解が有力になっており、実務現場では、予防接種や検査のための採血等の軽微な医療行為については、事実上、同意がなされていることも多くなっています。

事案によっては、終末期医療への対応が求められることもあるかもし

▶第3章　市民後見人の実務

〔図表3－1〕終末期医療の意思決定の優先順位

①	患者の意思が確認できる場合　→　患者の意思
②	患者の意思が確認できない場合 ↓
③	患者の意思が推定できない場合　→　家族等の意思 ↓
④	家族等と連絡がつかない・家族等がいない場合 ↓ 医療・ケアチーム（医師、看護師、ソーシャルワーカー、理学療法士）が判断

厚生労働省「終末期医療の決定プロセスに関するガイドライン」（平成19年5月）より。

れません。その場合には、家族・親族がいる場合には医療同意には家族等の意思で、家族等がいない場合は成年後見人に医療同意の権限がないことを医師に説明します（図表3－1参照）。

こういった注意すべき事案に直面した場合には、社会福祉協議会や家庭裁判所に相談したうえで対応することになります。

(3) 家庭裁判所および後見監督人への報告事務

成年後見人は、家庭裁判所から報告の求めがあったときは、その指示に従い報告書を提出します。ただし、通常は、1年ごとに「後見事務報告書」、「財産目録」、「収支状況報告書」を作成し、通帳の写しなどの疎明資料を添付して提出します（書式3－6）。

成年後見監督人が選任されている場合には、成年後見監督人による「後見事務報告書を確認した旨」の文書を添えて提出します。

成年後見人が事務を行う際に必要となる、バス・電車といった公共交通機関の交通費や、切手・はがきといった連絡経費等の費用は、本人の財産から支出することができます。ただし、タクシー代、自家用車のガソリン代、固定・携帯電話代の費用については、あらかじめ後見監督人や家庭裁判所と打ち合わせ、確認をするようにしましょう。

報酬については、まず、家庭裁判所に対して、報酬付与の審判の申立

▶ 4　後見人に対する監督

【書式3－6】定期報告時提出用の財産目録

基本事件番号　　平成22年(家)第○○○○○○号

財産目録（平成23年9月末日現在）

1．不動産

番号	所在，種類，面積等	備　考（変動事項等）
	なし	

2．預貯金，現金

番号	金融機関名，口座番号	種類	前回（平成22年9月末日）金額（円）	今回（平成23年9月末日）金額（円）	備　考（変動事項等）
1	○○銀行 ○○○○○○○○	通常貯金	○○○○○	○○○○○	
2	○○銀行 ○○○○○○○○	定額貯金	○○○○○	○○○○○	
3	○○銀行 ○○○○○○○○	定期貯金	○○○○○	○○○○○	
4	○○銀行○○支店 ○○○○○○	普通	○○○○○	○○○○○	
5	○○銀行○○支店 ○○○○○○	定期	○○○○○	○○○○○	
6	○○銀行○○支店 ○○○○○○	自動積立定期	○○○○○	○○○○○	
7	○○銀行○○駅前支店 ○○○○○○	普通	○○○○○	○○○○○	
8	○○銀行○○駅前支店 ○○○○○○	定期	○○○○○	○○○○○	
9	○○銀行○○駅前支店 ○○○○○○	自動積立定期	○○○○○	○○○○○	
10	○○銀行○○支店 ○○○○○○	普通	○○○○○	○○○○○	
11	○○銀行○○支店 ○○○○○○	定期	○○○○○	○○○○○	
12	現金			○○○○○	

現金・預貯金総額　　○○○○○　　○○○○○　円

前回との差額　＋　　○○○　円

3．その他の資産（保険契約，株券，各種金融資産等）

番号	種類（証券番号等）	金額(数量)	備　考（変動事項等）
	なし		

4．負債

番号	種類（債権者）	金額(円)	備　考（変動事項等）
	なし		

負債総額　　　0円

平成23年9月30日
作成者氏名　　○○　○○　印

157

てを行い（書式3-7）、認められた場合には、審判により決定された報酬額を、成年被後見人の財産から支出します。

成年後見監督人が選任されている場合には、その指示に従って「後見事務報告書」等および疎明資料を成年後見監督人に提出します。おおむね、3カ月ごとまたは6カごとに提出しています。

また、これらの定期的な報告のほか、成年被後見人の住所、氏名などに変更が生じたときは、変更登記を申請しなければなりません。申請には登記印紙の添付は不要です。その後、家庭裁判所に対して、住所変更後の住民票もしくは氏名変更後の戸籍謄本または変更後の後見登記事項証明書を提出して報告します（書式3-8）。

4 後見人に対する監督

(1) 後見監督

成年後見監督、保佐監督、補助監督（以下、「後見監督」といいます）とは、家庭裁判所が、後見人に対して、後見事務を適切に行っているか、または後見事務を行ううえで問題点がないかを確認することです。そのため、家庭裁判所は、後見人に対して定期的に照会をし、それに対して後見人が回答（報告）をすることになります。

(2) 後見監督人の選任の根拠等

家庭裁判所は、事案によって、成年後見監督人（または保佐監督人、補助監督人）を選任することができます（民法849条の2等）。この後見監督人には、弁護士、司法書士、社会福祉協議会等が選任されることが一般的です。選任された後見監督人は、後見人の事務を監督するなどの職務をすることになります（民法851条等）。

後見監督人が選任されるのは、次のような場合とされています。

① 財産が多く、その管理が複雑な場合

▶ 4　後見人に対する監督

【書式3−7】報酬付与審判申立書・事情説明書（東京家庭裁判所）

受付印	□成年後見人　□保佐人　□補助人　□未成年後見人 □監督人（□成年後見　□保佐　□補助　□任意後見 　　　　　□未成年後見）に対する報酬付与申立書
	この欄に収入印紙をはる。 1件について甲類審判　800円 （はった印紙に押印しないでください。）
収入印紙　　800円 予納郵便切手　80円	
準口頭	基本事件番号　平成　　年（家　　）第　　　　号

東京家庭裁判所　　　御中 　　　　□立川支部 平成　　年　　月　　日	申立人の署名押印 又は記名押印	印

添付 書類	□報酬付与申立事情説明書，□後見等（監督）事務報告書，□財産目録， □預貯金通帳の写し等　□ ※後見登記事項に変更がある場合は□住民票写し，□戸籍謄本

申立人	住所又は事務所	〒　　−　　　　　　　電話　　（　　）	※申立人欄は窓空き封筒 の申立人の宛名としても 使用しますので，パソコン 等で書式設定する場合 には，以下の書式設定に よりお願いします。 （申立人欄書式設定） 上端10.4cm 下端14.5cm 左端3.3cm 右端5cm
	氏名		

本人	住所	〒　　−
	氏名	

申立ての趣旨	申立人に対し，相当額の報酬を与えるとの審判を求める。
申立ての実情	別添報酬付与申立事情説明書のとおり

裁判所使用欄

申立人に対し，{□就職の日／□平成　年　月　日} から {□終了の日／□平成　年　月　日} までの
報酬として，本人の財産の中から　　　　万　０００円（内税）を与える。
　　平成　年　月　日
　　　東京家庭裁判所□家事第1部□立川支部
　　　　　家事審判官

告　　知
受告知者　申立人 告知方法　□住所又は事務所に謄本送付 　　　　　□当庁において謄本交付 年月日　　平成　　年　　月　　日 　　　　　裁判所書記官

159

基本事件番号　平成○○年(家)第○○○○○号　　本人　○○　○○

報酬付与申立事情説明書

1　別紙財産目録のとおり，報告時点で管理する財産（流動資産）額は次のとおりである。
　①預貯金等　　　　　　　　　　　　　　　金○○，○○○，○○○円
　②株券（時価で算出してください。）　　　　金　　　　　　　　0円
　　　　　　　　　　　　　　　総額は，金○○，○○○，○○○円

2　報告対象期間における本人の収入は，
　　　　　　　○○○，○○○円の（☑黒字・□赤字）である。

3　付加報酬について
　☑求めない
　□後見人等が本人のために特に行った次の行為について付加報酬を求める。
　□監督人が，□本人を代表した　又は　□同意した　次の行為について付加報酬を求める。
　　　　□　①　訴訟・非訟・家事審判
　　　　　　　　　　　　（本人が得た利益）　　　　　　　円
　　　　□　②　調停・訴訟外の示談
　　　　　　　　　　　　（本人が得た利益）　　　　　　　円
　　　　□　③　遺産分割協議
　　　　　　　　　　　　（本人取得額）　　　　　　　　　円
　　　　□　④　保険金請求
　　　　　　　　　　　　（本人取得額）　　　　　　　　　円
　　　　□　⑤　不動産の処分・管理
　　　　（売却代金入金額・対象期間の管理賃料額）　　　　円
　　　　□　⑥　その他（　　　　　　　　　）
　　　　　　　□　詳細は別紙のとおり

　※①から⑥の行為を行い，付加報酬を求める場合は，資料を添付してください。

【書式3－8】家庭裁判所への住所変更の報告書

```
                                    事　務　連　絡
                                    平成○○年○○月○○日

東京家庭裁判所　御中

                              成年後見人　○○○○

             被後見人の住所変更について（報告）

　平成○○年（家）第○○○○○号後見開始事件にかかる成年被後見人○○○
○さんの住所が変更になりましたので住民票を添え報告いたします。

・旧住所　東京都○○区○○○丁目○○番○号
・新住所　埼玉県○○市○○町○丁目○○○番地　○○○○ホーム
                                                      以上
```

② 親族間に対立がある、または将来生ずるおそれがある場合
③ 後見人がその権限を行使することに熟達していないと認められる場合

　市民後見人が選任される場合には、社会福祉協議会が後見監督人に選任される場合もあります。この場合には、身近な社会福祉協議会が後見監督人として市民後見人に対する支援・監督を行い、社会福祉協議会による監督があっても難しい場合に家庭裁判所が相談に応じるという体制が妥当とされています（社団法人成年後見センター・リーガルサポートシンポジウム「あるべき市民後見人を考える」（平成21年1月25日）における草野真人東京家庭裁判所裁判官（当時）の発言）。

(3) 後見監督人の職務内容

　後見監督人の職務の中心は、後見人が任務を怠ったり不正な行為を行ったりすることのないように監督することです。具体的には以下のとおりです（民法851条参照）。

① 後見人が就任時に行う財産の調査、財産目録の作成の際の立会い
② 後見人に対する後見事務報告書、財産目録、収支状況報告書の提出請求、調査等
③ 被後見人の財産管理その他後見の事務についての必要な処分の請求
④ 後見人の選任・解任の請求（たとえば、後見人が辞任や死亡等で欠けた場合の選任の請求）
⑤ 後見人が対応できないときの急迫の事情がある場合の処分（たとえば、後見人が一時不在、病気等により対応できない場合の応急処分）
⑥ 後見人と被後見人との利益が相反する場合における、後見監督人による代表
⑦ 後見人が被後見人に代わって、営業、借入れ、不動産処分等の重要行為を行う際の同意
⑧ 被後見人の死亡等により後見人の任務終了時における管理計算の立会い

上記②に関しては、就職時および通常時の後見事務報告の際に、後見監督人からも家庭裁判所に対して後見事務の報告をします（書式3－9）。

なお、後見監督事務に疑問が生じた場合には、家庭裁判所に照会し、回答を得るべきでしょう。

(4) 市民後見人への監督事務の留意点

身上監護面では、被後見人の心身や生活の状況を把握するためには後見人による定期的訪問が重要となりますので、後見人に対し、適切に実施するように促します。

財産管理面では、本人の財産の状況等を確認するため、当初または前回との収支の変化がわかる財産目録、通帳、手許現金、金銭出納帳、請

▶ 4　後見人に対する監督

【書式3－9】成年後見監督人から家庭裁判所への後見事務の報告・財産目録の提出

```
                                        平成○○年○○月○○日
○○家庭裁判所後見センター開始係
　　裁判所書記官　○○　○○　様

                            ○○○○　成年後見人監督人
                            社会福祉法人　○○市社会福祉協議会
                            会　　長　　　○○　○○

                        財産目録の提出について

　平成○○年(家)第○○○○○号後見開始事件に係る成年被後見人○○○○さん
の財産目録を成年後見人○○○○さんより受けましたので，下記により提出い
たします。
                              記
　1　後見事務報告書
　2　財産目録
　3　年間収支予定表
　4　関係通帳等の写し
```

求書、領収書等の内容確認を、短期間（たとえば3カ月）ごとに提出してもらい、後見活動の信頼性を高めます。

また、以下のような内容の被後見人に関する基本的な情報管理リストを後見人に作成してもらい、後見活動に活かしてもらいます。

① 医療・介護証書等一覧（後期高齢者医療受給者証、国民健康保険被保険者証、障害者医療受給者証、身体障害者手帳等で期限日のあるもの）

② 財産保管物件一覧（通帳の種別・口座番号、キャッシュカード、認印、小口現金、定額証書、有価証券、不動産の登記識別情報（登記済権利証）、保険証書の種別・内容、自宅鍵、貸金庫番号・鍵等）

③ 生活費管理一覧（月額、隔週額、週額、日額の種別等）

④ 後見活動計画一覧（定期訪問・面会日、入所施設の支払い、訪問介

163

護・看護サービスの支払い、自宅管理（地代・家賃の収支管理、庭木の剪定等）、公租公課の支払い、後見監督人への報告一覧、後見人・後見監督人への報酬支払い一覧、菩提寺・お墓関連情報、救急連絡先の親族・推定相続人の住所等）

後見監督人として市民後見人の後見活動を確認する際には、以下の点について注意するとよいでしょう。

① 本人の利益を擁護していますか（家族、関係者等の利益ではありません）。
② 本人の意思を尊重していますか。
③ 後見人としての業務が財産管理だけになっていませんか（身上保護の重視、生活全般へのかかわりの重視）。
④ 後見人の権限を理解していますか。
⑤ 本人と適度な距離をおいていますか。
⑥ 外部から執務の公正に対する疑惑・不信を招く行為をしていませんか。

5 保佐人・補助人として活動する際の注意点

《事例5》
　私は、市内の有料老人ホームへ入所しているBさんについての保佐人となりましたが、審判書や登記事項証明書に不動産の売却に関する事項の代理権がありました。今度、A保佐監督人から職務の説明を受けることになっていますが、基礎知識として、保佐人の財産管理事務や身上監護事務については、どのような点に注意して行ったらよいのでしょうか。

(1) 同意権・代理権の範囲

保佐人や補助人に特定の法律行為について代理権が付与されているときは、その範囲においてのみ、財産管理・身上監護に関する法律行為を代理して行うことができます。保佐人・補助人は、成年後見人のような包括的な代理権・取消権を有していないことに注意する必要があります。

　事例5の場合、保佐人に不動産の売却に関する事項についての代理権が付与されているので、保佐人は、本人を代理して不動産の売却をすることができます。ただし、当該不動産が居住用不動産の場合には、家庭裁判所の許可が必要です（民法859条の3）。

　なお、事例5で、仮に、被保佐人の所有する不動産売却の際に保佐人が買主になるような場合には、利益相反行為になりますので、家庭裁判所に臨時保佐人の選任を請求し、その臨時保佐人が保佐人の代わりにその権限を行使します。ただし、保佐監督人が選任されている場合は、臨時保佐人の選任は必要ありません（民法876条の2第3項）。

　保佐人の同意権（取消権）は、民法13条1項に定める行為と家庭裁判所が特に指定した行為について及びます。補助人の同意権（取消権）は、民法13条1項に定める行為の一部について、家庭裁判所より付与されたものに限られます。

　被保佐人や被補助人の判断能力が低下したときは、必要に応じて同意権の拡張または代理権付与の審判の申立てを、回復したときは、同意権付与・代理権付与の審判の取消しや保佐・補助の審判の取消しの申立てが必要となります。

(2) 財産目録作成義務と家庭裁判所への報告

　保佐人・補助人には、成年後見人における財産調査・財産目録作成義務（民法853条）の規定はありませんが、家庭裁判所から事務報告を求められます（民法876条の5第2項・876条の10第1項で民法863条を準用）。

　保佐人・補助人の報酬は、成年後見人と同様に、保佐人・補助人が、

家庭裁判所に対して、報酬付与の審判の申立てをします。

6 辞 任

> 《事例6》
> 私は後見人を引き受けていますが、夫の定年に伴い、半年以内に夫の郷里に引っ越すことになりました。引越先から後見事務を行うことは無理だと思われますので、後見人を辞任したいと思っていますが、このような場合に辞任することはできますか。

後見人は、正当な事由があるときは、家庭裁判所の許可を得て、その任務を辞任することができます（民法844条）。

正当な事由とは、以下のようなものです。

① 後見人が被後見人と遠隔地に住むため、後見事務遂行に支障がある場合
② 老齢、疾病、負担過重などにより後見事務の適正な遂行上支障がある場合
③ 後見人がすでに長期にわたって職務を行い、今後その継続を強いるのが過酷な場合等

これらの正当な事由が認められる場合には、後見人は、家庭裁判所に辞任の申立てを行い、その許可を得て辞任することができます。

辞任にあたり、①後見監督人がいない場合や②複数後見でない場合は、辞任した後見人は、遅滞なく、新任の後見人選任を、家庭裁判所に請求しなければなりません。

7 被後見人の死亡時の事務

(1) 後見人の業務としての事務

《事例7》
　私は、特別養護老人ホームに入所している認知症のBさんの後見人として活動していましたが、先日、Bさんが病気になり、治療の甲斐なく入院先の病院で亡くなりました。被後見人の死亡後、後見人としてどのような事務を行うことになるのでしょうか。

　被後見人が死亡した場合、後見は当然に終了すると考えられています。後見人は、家庭裁判所への死亡報告、後見終了の登記、後見の計算、管理財産の引渡し等を行わなければなりません（民法870条以下）。

　なお、被保佐人および被補助人が死亡した場合の被保佐人および補助人は、財産管理についての代理権が付与されている場合には、後見人と同様に管理の計算、管理財産の引渡しなどをしなければなりませんが、財産管理に関する代理権が付与されていない場合には、これらをする必要はありません。

(A) 家庭裁判所への報告

　被後見人の死亡を知った後見人は、家庭裁判所に、被後見人の死亡による後見終了の報告を行います。その際、家庭裁判所に報告する前に、まず後見監督人に対して死亡の報告をしておくべきでしょう。

　なお、死亡報告の際には、死亡診断書の写しまたは被後見人の死亡が記載された戸籍謄本を添付するのが通常です。

(B) 死亡届の提出等（親族がいない場合や親族の関与が困難等の場合）

　死亡届は、同居の親族、家主等のほか、後見人、保佐人、補助人およ

び任意後見人も、死亡の届出をすることができます。

死亡届と同時に火葬許可申請を行い、この火葬許可書を火葬場に提出します。火葬済みの認印が埋葬許可書となり、寺墓地等に納骨する際に提出することになります。

　(C)　**終了登記の申請**

後見登記のされている法務局に後見登記の終了登記を申請しなければなりません。登記手数料はかかりませんが、申請の際に、死亡届の写しまたは被後見人の死亡事実が記載された戸籍謄本の添付が必要となります。

　(D)　**管理の計算（清算事務）**

後見人は、後見が終了してから、原則として2カ月以内に、管理の計算を行わなければなりません。管理の計算とは、後見期間中の収支決算を明らかにして、後見終了時における後見財産を確定し、その結果を権利者（相続人または受遺者）に対して報告することです。

　(E)　**報酬付与の申請**

後見人は、家庭裁判所に対し、財産目録を添付して報酬付与の申立てを行います。

　(F)　**財産の引渡し**

後見人は、後見終了に伴い、保管していた被後見人の財産を相続人等に引き渡す必要があります。

実務上での財産の引渡しは、すでに判明している相続人に対して連絡をとり、相続人の範囲を戸籍謄本で確定してもらい、そのうちから相続人代表を相続人全員の総意で選出してもらい、その相続人代表に財産を引き渡す、という取扱いが多いようです。

相続人が不明または不存在の場合には、後見人は、利害関係人として相続財産管理人の選任を申し立て、選任された財産管理人に財産を引き

渡します。

　遺言がある場合は、自筆証書遺言については検認手続を経た後に、公正証書遺言については、（検認の手続を経ないで）直接、遺言執行者に、財産を引き渡します。

　後見人は、後見の計算終了後、速やかに後見終了の報告（管理終了報告書の提出）を家庭裁判所に対して行い、終了します。

(2) 後見人の業務ではなく注意が必要な事務——葬儀主宰・費用等

> 《事例8》
> 　私は、認知症のBさんの後見人として活動していましたが、Bさんは病気になり、入院先の病院で亡くなりました。Bさんには身寄りがないのですが、このような場合、遺体引取り、葬儀執行、葬儀費用などについては、どのように対応すればよいのでしょうか。

　本人の死亡により後見は終了するとされていますので、後見人には、遺体を引き取り、葬儀を主宰し、納骨を行う義務はありません。また、これらに関する費用を本人の財産から支出することもできません。

　しかし、事例8のように、親族が遺体の引取りや葬儀等を行うことが期待できないことから、現実には、やむなく後見人が対応せざるを得ない場合もあります。

(A)　親族が葬儀を主宰した場合

　親族が葬儀を主宰した場合に、葬儀費用等を本人の財産から支払うように、後見人だった者に請求してくることがあります。後見人は、後見の計算の終了に伴い相続人に遺産を引き渡すとされているので、そのような場合には、遺産引渡し後に、相続人または相続人らと葬儀費用等立替者との間で清算してもらうのが原則となります。

(B)　後見人が葬儀等にかかわる場合

▶第3章　市民後見人の実務

　本人の死亡後は、時間的に切迫し、相続人が判明していない、または判明しても遺体引取りや喪主となる人がいないなどの場合には、後見人が遺体の安置や葬儀について対応を求められることがあります。このようなときには、本人の生前の意思を踏まえ、また常識的な範囲の限度での費用を遺産から支出することができるとされています。

　ただし、この判断は難しいことがあるので、社会福祉協議会や家庭裁判所に相談しておく必要があります。

（②〜⑦　品川区社会福祉協議会品川成年後見センター　齋藤　修一）

⑧　障がいのある人への身上監護

　身上監護の重要性については、すでに本書でも述べられているところで、初めて成年後見制度に取り組まれる市民後見人の方々にも十分理解されていると思います。ただ、市民後見人をめざす方の中には、高齢者の生活はイメージできても、障がいとは何か、障がいのある人の生活がどのようなものかについては、よく知らない人も多いのではないでしょうか。

　もっとも、市民後見人をめざす人の中には、障がい者施設で働いていたり、ボランティアで障がいのある人に接する機会があったりする方もいるでしょう。また、障がいの有無を意識したかかわりをもつよりも、個別支援の視点で身上監護事務を進めていくことが、成年後見制度の理念の1つであるノーマライゼーション、それをさらに推し進めたインクルージョンの考え方に適（かな）っているといえます。

　しかし、ここではあえて、わが国において障がいのある人の自己決定を支援していく重要性から、障がいのある人への身上監護について理解するべきポイントをまとめたいと思います。

(1)　知的障がいのある人への身上監護

▶ 8　障がいのある人への身上監護

　知的障がいのある人への身上監護で最も重要なのは、彼らの自己決定をいかに支援し、ニーズをいかに実現していくかということです。認知症高齢者と異なり、知的障がいのある人の多くは、生まれた時から障がい福祉サービスを利用しています。長い間、「支援する人」と「支援される人」という人間関係が続いてきたことで、知的障がいのある人は、たとえ後見人であっても、自分を支援してくれる人に対して対等の関係をもてない場合があります。「支援者に気に入ってもらおう」という意識、あるいは社会通念上望ましい行為を意識しすぎるあまり、自分の要求や希望を本音で語るのが難しいのです。

　後見人として知的障がいのある人に接するときには、まずは、じっくり、ゆっくりと関係を作っていくようにします。そして、後見人が、家族でもなく、福祉施設や福祉行政の職員でもなく、障がいのある人本人のためだけに奔走してくれる存在であることを、本人が認識することが、自己決定の支援の最初の一歩となります。

　このようにして聞き取った本音にはさまざまな希望が含まれます。

　「(普段は健康に悪いからと禁止されている)ポテトチップスやコーラをお腹いっぱい食べたり飲んだりしたい」

　「彼女(彼氏)が欲しい」

　「アダルトビデオが見たい」

　「パチンコに行きたい」

　「スポーツ新聞をとりたい」……

　日常生活のありとあらゆる内容が網羅されており、中には、「海外旅行に行きたい」といった非日常的ではあるものの実現可能なことや、「声優になりたい」といったなかなか実現できないものまであります。

　これらの希望の中には、現状の収入や健康状態、生活実態からすると、客観的には望ましくない行為が入っているかもしれません。ただ、知的

障がいがあったとしても、そのような行為でも試してみることは当然の権利（愚行権。上山泰『専門職後見人と身上監護〔第2版〕』（民事法研究会、2010年）88頁・214頁）であり、実現するよう一歩進めてみることが権利擁護者としての後見人の行う身上監護といえます。もっとも、糖尿病の人にコーラを提供することや、アルコール性の肝臓機能障害のある人に飲酒を認めることは、本人の健康状態に悪い影響を与えますから誤った対応といえます。しかし、このような場合にも頭から否定するのではなく、本人と一緒に医師の説明を受け、希望がかなわなかったときには共に残念がったりすることも、知的障がいのある人に対する身上監護には欠かせない視点といえます。

「ぜいたく」と思われやすい事柄についても、「浪費」という視点だけでなく、生活の質を高めるための適切な消費を視野に入れた金銭管理が求められます。

知的障がいのある人が成年後見制度を利用し始めるときは、「親なき後」に対応するためであることが多いようです。この場合、後見人には親に代わる役割を求められることになります。そのため、日常的に親が担ってきた散歩や買物への同行、身の回りの世話までの役割が期待されることがあります。

知的障がいのある人たちが地域で生活していくために、さまざまな福祉サービスが用意されています。ヘルパーや日中活動のための施設、居住施設としてのグループホームやケアホームなど多様です。その中には、親に代わって具体的な介護や世話（事実行為）などを担うサービスがありますが、親なき後を意識して成年後見制度を利用しようとする親・家族の中には、そのような行為までも後見人に求めることがあります。知的障がいのある人の嗜好や興味を知るために一緒に買物に行くことも時には必要ですが、そういった事実行為よりはむしろ、たくさんの福祉専

門職とかかわり、それぞれの役割を意識し適切に調整していくことが、知的障がいのある人の後見人には求められます。

　知的障がいのある人への支援では専門性が要求されることも多く、専門性の高い福祉サービス等の調整を職務として担う「障害者相談支援事業者」（詳細は第4章参照）と密な連携をとることは、知的障がい者福祉に精通していない後見人にとっては重要です。

コラム　知的障がいのある人にとっての「親なき後」

　知的障がいは発達期からみられ、多くの方が乳幼児期までに診断あるいは障がいの指摘を受けます。その点で、障がいのある人およびその家族にとっては、障がいと長期間にわたって向き合うことになります。最近では「老障介護」という言葉が聞かれるように、年老いた両親が障がいのあるわが子を自宅で介護し、その負担が親子に及ぶ例もみられます。そのような親にとって、「わが子よりも1日でも長生きし、わが子の生涯を看取りたい」、「私が元気なうちは1日でも長くわが子の世話をしたい」という願いは、切なるものといえるでしょう。

　しかし、そのような願いをもった親は、自然の摂理として、わが子より先に亡くなることが通常です。また、病気や高齢などにより世話を続けられなくなることも往々にしてあります。そのような場合、子の生活はどうなるでしょう。自分たちが精一杯わが子の世話をした後は、親族あるいは行政に面倒をみてほしいと願う方も多いようですが、具体的な手当てがなされているわけではなく、この不確かさが「知的障がいのある方の『親なき後』の問題」と指摘されてきました。

　現実的には、両親を亡くしたからといって、知的障がいのある人が路頭に迷うことはありませんが、それまでの暮らし方や本人の意思を反映できるような生活を実現するためのシステムの1つが、成年後見制度です。

　ただし、「親なき後」を見据え、後見人に対して親に近い支援を求める

ならば、「親なき後」ではなく「親あるうち」から後見人と親が十分な連携をとっていくことが不可欠といえます。このことは知的障がい福祉の分野では大きな課題であり、成年後見制度の視点からも検討されています（実践成年後見22号「特集『親なき後』を考える」(2007年)）。

(社会福祉士・臨床心理士　小嶋　珠実)

(2)　精神障がいのある人への身上監護

　幻覚や妄想を主症状とする統合失調症や、薬物やアルコールなどの精神作用物質による急性中毒またはその依存症、うつ病などの精神疾患を、一般的には精神障がいと呼んでいます。そのような精神障がいのある人への身上監護のポイントとして、この人たちの多くが中途障がいであり、症状が顕在化するまで「普通」の生活を送ってきたということがあげられます。それは、本人のそれまでの人生や経験を踏まえて現実的な希望が明確になりやすいということにもなります。その希望を踏まえ、後見人は金銭管理と身上監護を進めていきます。後見人といっても、発達障がい（後記(3)参照）のある方と同様に、その現有能力からは補助人あるいは保佐人としてかかわりをもっていくことが多いでしょう。

　中には、症状は安定しているものの、家族の引取りが困難であったり、一緒に住む親族がいないということで、長期にわたって社会的入院を続けた人もいます。そのような場合、入院してきた病院の医師やケースワーカーが中心となって、本人の意向を確認しながら、退院後の生活環境の整備を含めて退院に向けた取組みを進めることになります。ただし、医師やケースワーカーには、本人を代理する法的な権限がありません。そこで、支援者と協働することができ、法的な権限をもつ後見人が選任されることになります。精神障がいのある人は、退院した後も医療ケアを受けやすいよう病院の周囲のグループホームを利用したり、アパート

での一人暮らしを始めることも多く、その場合、地域に密着した市民後見人の役割は大きいものになります。

　精神障がいのある人は、外見からは障がいの有無がわかりにくく、周囲から誤解されることも多いため、後見人には社会とのパイプになることが求められます。地域での自治会活動、たとえば公園の清掃活動や回覧板を回すなどの行為は簡単そうですが、長期にわたって入院し地域との交流のなかった人には負担が大きい場合もありますから、後見人は、地域住民の理解を求めていくため、本人に代わって、あるいは本人と共に、地域とかかわっていくことが必要になることもあります。もっとも、地域の人たちへ本人の病状を説明する場合には、個人情報・プライバシーへの配慮から、必要最低限にとどめるといったことも忘れてはなりません。民生委員や児童委員に協力を求め、役割を分担しておくのも地域支援の有効な手段です。

　また、成年後見人または保佐人に選任された場合、精神保健福祉法上の第1位の保護者になります（同法20条。保護者の権限・義務については、第4章②参照）。そうすると、精神障がいの方の身上監護を進めるうえで後見人が医療的な判断をする場面が出てくることもありますし、服薬をきちんとしているか、通院はしているか、入院の必要はないかなど、病状や生活状態の見守りをすることが最も大きな役割となります。

　とはいっても、福祉の専門家でない市民後見人が選任された場合、このあたりの判断は困難であり、医療スタッフとの連携が重要です。ただし、本人を抜きにして関係者や関係機関だけで情報交換をすると、本人が疑心暗鬼になり、信頼関係が崩れることもありますから、診察場面に同行して本人の目の前で主治医に相談する、主治医あてに手紙を出す場合はまず本人に見せて同意を得るなどの工夫が必要です。

　普段は生活が落ち着いていても、ちょっとしたきっかけで、生活が大

きく崩れる場合があることも、精神障がいの特徴です。食事がとれない、したがって食後の服薬ができない、何週間も風呂に入らない、全く外出しないなど寡働になり、時には生命に影響することもありますから、丁寧な見守りが求められます。

(3) 発達障がいのある人への身上監護

わが国では、発達障がいとは、自閉症、広汎性発達障がい、アスペルガー症候群、注意欠陥多動性障がい（AD／HD）、学習（能力）障がい（LD）を指します（発達障害者支援法2条。ただし、諸外国の定義や医学的診断と一致しない面もありますので、詳細な障がい像の把握のためには、たとえば、ミネルヴァ書房の「発達と障害を考える本シリーズ」（安倍陽子＝諏訪利明編『ふしぎだね!? アスペルガー症候群「高機能自閉症」のおともだち』等）や、講談社の「○○のすべてがわかる本シリーズ」（市川宏伸監修『AD／HD（注意欠陥／多動性障害）のすべてがわかる本』等）など、理解しやすい専門書を参考にするとよいでしょう。）。

ここでは、先にあげた知的障がいや精神障がいがない、あるいは軽度で、むしろコミュニケーションや対人関係の障がいのために日常の生活に支障を来している人についての身上監護について触れます。

ここで取り上げる発達障がい、特に自閉症や広汎性発達障がい、アスペルガー症候群（いわゆる自閉症スペクトラム）の特徴としては、見た目ではわかりにくいものの、①社会的相互交渉の障がい、②コミュニケーションの障がい、③想像力の障がいがあげられます（ローナ・ウィング（久保紘章ほか訳）『自閉症スペクトル』（東京書籍、1998年）122頁～137頁）。特に、想像力の障がいにより、知的機能は高かったとしても、先の見通しをもったり、これから起きうる出来事を予測して対処することが困難となり、将来を見据えた行動をとることが苦手な人が多いようです。そのため、手許にあるお金をすべて使い切ってしまうなど金銭管理

が不十分になることがあります。

　ここで取り上げる障がいは、重度ではないものの、生きていくうえで困る事柄が多い点が特徴です。会話もそれなりにでき、簡単な作業も可能で就職している人もおり、中には一人暮らしをしている人もいます。ただ、多くの人が金銭管理に困り感をもっています。先述した知的障がいのある方とは異なり、自分の生活の質を維持・向上させるために収入を使うことはできるものの、将来の見通しをもった生活を送ることが難しいようです。たとえば、月々の収入が約15万円とした場合、それに応じて家賃や光熱費、食費などの必要出費を想定し、その残額で余暇や嗜好品といった娯楽に支出する必要があるにもかかわらず、先に楽しみに使ってしまい、必要な出費に関する支払いができなくなってしまいます。他人との唯一のコミュニケーション手段である携帯電話の利用が止められてしまう場合もあります。1週間の生活費として週に一度、数万円を渡すようにしても、お金が手に入るとすぐに外食や物品の購入に使ってしまい、週末になるとお金がなくなって、水だけを飲んで過ごし、仕事にも行けなくなったという例もあります。

　このような発達障がいのある人には、障がいが軽度なため補助人や保佐人が選任されることが多いようです。このような事案では、金銭管理への支援だけでなく、本人が計画的に生活を送っていけるような支援が求められます。そのような場合、専門職後見人が一般的に行うといわれる1カ月に1回程度の面会では十分な対応ができないと想定されますから、本人の身近な地域に住む市民後見人の役割が期待されます。

　また、その障がい特性による偏った興味や社会性に欠けた行動により、周囲から「変わった人」と見られる人がいます。まだ使えると思われる電気製品をゴミ捨て場から拾い集め、集合住宅の自室から廊下にまで物があふれ、近所から苦情をいわれることもあります。このような場合、

▶第3章　市民後見人の実務

本人と社会とをつなぐ「通訳」として、後見人の役割は大きくなります。ただし、後見人となった市民後見人が本人をかばうというよりは、このような人たちには複数の障がい福祉の専門家が支援者としてチームを組んでいる場合も多いことから、そのような専門職との連携が重要になります。障がいのある人の中には、自分で障がい特性を理解できずに支援を求めていない人もいますから、このような障がいに通じている医療機関や専門機関（発達障害者支援センター等）、労働に関しては、ハローワークに相談することも1つの方法です。

（⑧　社会福祉士・臨床心理士　小嶋　珠実）

> **コラム　高次脳機能障がい**
>
> 　高次脳機能障がいについては、平成21年8月24日厚生労働省社会・援護局障害保健福祉部長通知により、障害者自立支援法の対象として普及啓発事業等が取り組まれてきました。また、平成23年の改正障害者自立支援法の改正では、発達障がいのように障がいとして定義されなかったものの、今後通知などで障がい者福祉の対象であることを再確認していくという方向性が示されています。
>
> 　高次脳機能障がいについては、従前、その定義が明確でなく、福祉の狭間に置かれ、なかなか適切なサービスが受けられませんでしたが、障がいのある人本人や家族の負担を軽くするために、支援の方法が検討されてきました。平成13年からは厚生労働省が高次脳機能障がいの定義やリハビリテーション、支援の方法を研究するモデル事業を実施し、平成16年からは日本成年後見法学会・高次脳機能障害に関する研究委員会が成年後見制度の利用による支援、権利擁護の視点から研究を行っています。
>
> 　高次脳機能障がいの症状として、現時点では、記憶障がい、注意障がい、遂行機能障がい、社会的行動障がいなどといった認知面での障がいがあげられます。
>
> 　高次脳機能障がいの定義は、医学や法律で明確になっているわけではあ

りませんが、これまでの研究で支援すべきポイントが明らかになってきています。高次脳機能障がいが発症する原因としては交通事故やスポーツ事故などの脳外傷、脳梗塞や脳出血などの脳血管疾病があげられます。このような場面では、本人に支払われる自動車保険や医療保険に基づく保険金をどのようにして本人のために利用していくかといった金銭管理が、重要な支援の1つです。支払われた保険金を利用して生活の質（QOL）を維持していくためには、本人の権利を代弁する後見人が不可欠といわれています。ただし、日々の生活を見据えた金銭管理と身上監護を進めていくためには、高次脳機能障がいの特性、たとえば、怒りやすくなる、ふさぎ込みやすくなる等の性格面での変化が人間関係の支障となりやすい点、視野狭窄や失認（道に迷う、人の顔がわからない等）といった認知面の障がい等、身体状態から理解されにくい症状について、理解していることが重要です。

　高次脳機能障がいへの支援には高い専門知識が求められる場合がありますが、市民後見人がすべての知識や技術を取得することは困難といえます。疑問に思ったことは、リハビリテーション医や臨床心理士などの専門家に積極的に質問していく姿勢が不可欠です。

（社会福祉士・臨床心理士　小嶋　珠実）

〈参考資料〉

赤沼康弘＝鬼丸かおる編著『成年後見の法律相談〔第2次改訂版〕』（学陽書房、2009年）

上山泰『専門職後見人と身上監護〔第2版〕』（民事法研究会、2010年）

第一東京弁護士会成年後見センター編『Q＆A成年後見の実務』（新日本法規出版、2008年）

東京家庭裁判所・東京家庭裁判所立川支部「成年後見申立ての手引」

第4章

成年後見にかかわるしくみ

▶第4章　成年後見にかかわるしくみ

1　高齢者を支援するためのしくみ

(1)　介護保険制度——高齢者を支えるしくみの基本
(A)　介護保険制度の概要

　65歳以上の高齢者を支えるしくみの中で最も基本的なものが、介護保険制度です。高齢者が障がいを抱えて障害者自立支援法など他の法律の対象であったとしても、65歳以上であれば、まずは介護保険法が優先して適用されます。ですから、後見人としては、介護保険制度については最低限の知識をもち、地域包括支援センター（後記(2)参照）や介護支援専門員を活用して高齢者を支えていくことが求められます。

　介護保険制度は「介護を必要とする人を社会全体で支え合うしくみ」として、平成12年4月にスタートしました。介護が必要になっても、福祉サービスや医療サービスを総合的に利用して、できる限り住み慣れた地域で自立した生活ができることをめざしています。従前は老人福祉法に基づく「措置制度」として行政が福祉サービスの内容を決めていましたが、介護保険制度では、サービスを利用する側（利用者）が自らサービス事業者を選び、利用者とサービス事業者が「契約」をしたうえで、サービスを利用するように変わりました。

　また、利用者は、措置制度では、収入に応じて福祉サービス利用料を支払っていましたが、介護保険制度では、原則として1割の自己負担でサービスを利用することとなりました。残りの9割は保険料・公費負担により賄われますが、介護保険の財源については、年金や医療と同じように国民が保険料を納付するという「社会保険方式」を導入することで、安定的に確保できるようになりました。

(B)　介護保険の対象者

　それでは、介護保険の対象となるのはどのような方なのでしょうか。

182

介護保険には、原則として、40歳以上の人が保険料を支払って加入します。

　被保険者、つまり介護保険のサービスを受けられる人は、①65歳以上の第1号被保険者と、②40歳から64歳までの第2号被保険者とに分けられます。

　65歳以上の第1号被保険者が介護保険サービスを利用するには、支援や介護が必要であると「認定」を受けなければなりません。また、40歳から64歳までの第2号被保険者が介護保険サービスを利用するには、介護保険で対象になる病気（図表4－1）が原因で支援や介護が必要であると「認定」を受けなければなりません。

〔図表4－1〕介護保険で対象になる病気

①　がん末期	⑩　早老症
②　関節リウマチ	⑪　多系統萎縮症
③　筋萎縮性側索硬化症	⑫　糖尿病性神経障害、糖尿病性腎症および糖尿病性網膜症
④　後縦靱帯骨化症	
⑤　骨折を伴う骨粗鬆症	⑬　脳血管疾患
⑥　初老期における認知症	⑭　閉塞性動脈硬化症
⑦　パーキンソン病関連疾患	⑮　慢性閉塞性肺疾患
⑧　脊髄小脳変性症	⑯　両側の膝関節または股関節に著しい変形を伴う変形性関節症
⑨　脊柱管狭窄症	

(C)　保険料

　介護保険の保険料は、40歳～64歳までの第2号被保険者については加入している国民健康保険や職場で加入している健康保険の保険料と一緒に徴収されます。65歳以上の第1号被保険者については、年額18万円以上の老齢年金等を受給している場合に原則として年金から差し引かれる「特別徴収」と、それ以外の場合で市町村から送付される納付書や口座振替で納める「普通徴収」があります。介護保険料は、所得などによって負担額が決まります。

▶第4章　成年後見にかかわるしくみ

　介護保険サービスの利用料は、利用者の1割負担分を除く9割のうち、50％を介護保険料で、50％を公費（税金）で負担します。

　(D)　**介護保険の利用手続**

　介護保険サービスは、介護保険の要支援や要介護の「認定」を受けると利用できます（概要について、図表4－2）。そのためには、まず市町村の窓口に、介護保険の利用を申請することが必要です。その後、認定調査員の調査と主治医の意見書等によって、要介護度が認定されます。認定は8段階あり、介護保険のサービス対象外の「非該当」、介護予防サービスを受けられる「要支援1・2」、介護サービスを受けられる「要介護1～5」に分かれます（図表4－3）。認定結果に疑問や納得できないことがあるときは、市町村の介護保険窓口に相談できます。それでも納得できない場合は、都道府県が設置する介護保険審査会に不服申立てをすることができます。

〔図表4－2〕介護保険サービス利用の流れ（概要）

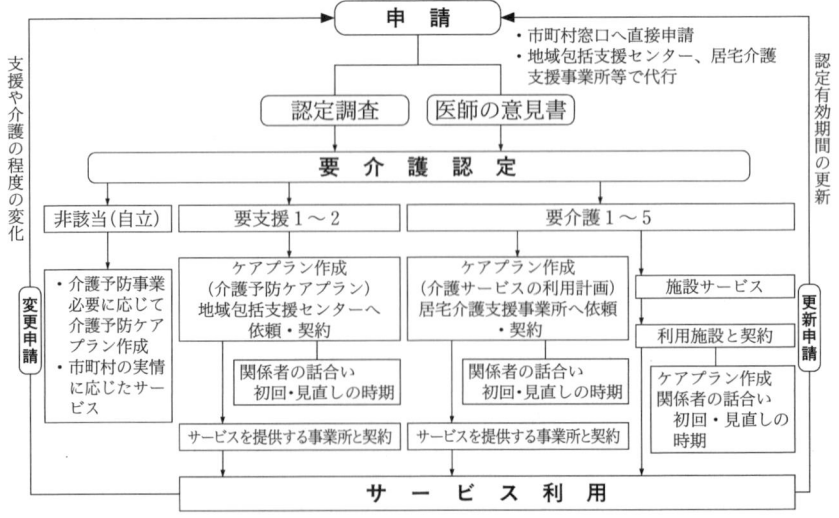

```
                            ┌─────────┐
         ┌─────────────────→│  申　請  │  ・市町村窓口へ直接申請
         │                  └─────────┘  ・地域包括支援センター、居宅介護
         │                       │          支援事業所等で代行
         │                 ┌─────┴─────┐
         │           ┌─────────┐ ┌─────────┐
         │           │認定調査 │ │医師の意見書│
   支                └─────────┘ └─────────┘                認
   援                       │                                定
   や                 ┌─────────────┐                        有
   介                 │要 介 護 認 定│                        効
   護                 └─────────────┘                        期
   の         ┌─────────┼─────────┐                        間
   程    ┌────────┐┌────────┐┌────────┐                   の
   度    │非該当   ││要支援   ││要介護   │                   更
   の    │(自立)   ││1～2    ││1～5    │                   新
   変    └────────┘└────────┘└────────┘
   化       │          │           │         ┌──────────┐
変          │    ケアプラン作成  ケアプラン作成│施設サービス│        更
更  ・介護予防事業  (介護予防ケア (介護サービス └──────────┘        新
申   必要に応じて    プラン)     の利用計画)  ┌──────────┐        申
請   介護予防ケア  地域包括支援  居宅介護支援 │利用施設と契約│      請
     プラン作成    センターへ    事業所へ依頼 └──────────┘
    ・市町村の実情  依頼・契約    ・契約       ┌──────────┐
     に応じたサー     │           │          │ケアプラン作成│
     ビス         関係者の話合い 関係者の話合い│関係者の話合い│
                  初回・見直しの 初回・見直しの│初回・見直しの│
                   時期           時期        │時期        │
                     │             │          └──────────┘
                サービスを提供  サービスを提供する事業所と契約
                する事業所と契約
         └─────────────┬─────────────┘
                  ┌──────────────┐
                  │サ ー ビ ス 利 用│
                  └──────────────┘
```

※要支援1～2の認定を受けた方のケアプランは、居宅介護支援事業所へ依頼・契約する場合もあります。
※非該当(自立)の方は、状態変化等がある場合にあらためて申請することができます。

▶ Ⅰ　高齢者を支援するためのしくみ

　後見人として、被後見人の状態と認定結果が合っていないと考え、納得できない場合には、介護保険窓口に相談し、場合によっては不服申立てをすることが必要になります。

(E) **利用できるサービスと利用料**

　要介護1～5の認定を受けた方は介護サービスを、要支援1～2の認定を受けた方は介護予防サービスを、非該当の認定を受けた方は市町村

〔図表4－3〕介護保険サービス

	要支援1～2	要介護1～5
居宅サービス	介護予防訪問介護(ホームヘルプ) 介護予防訪問入浴介護 介護予防訪問リハビリテーション 介護予防訪問看護 介護予防居宅療養管理指導 介護予防通所介護(デイサービス) 介護予防通所リハビリテーション (デイケア) 介護予防短期入所生活介護・療養介護(ショートステイ)	訪問介護(ホームヘルプ) 訪問入浴介護 訪問リハビリテーション 訪問看護 居宅療養管理指導 通所介護(デイサービス) 通所リハビリテーション(デイケア) 短期入所生活介護・療養介護(ショートステイ)
	介護予防特定施設入居者生活介護 (有料老人ホーム等)	特定施設入居者生活介護 (有料老人ホーム等)
	介護予防福祉用具貸与 特定介護予防福祉用具販売 介護予防住宅改修費支給	福祉用具貸与 特定福祉用具販売 住宅改修費支給
地域密着型サービス	介護予防小規模多機能型居宅介護 介護予防認知症対応型通所介護	小規模多機能型居宅介護 認知症対応型通所介護 夜間対応型訪問介護
	介護予防認知症対応型共同生活介護 (グループホーム) ※要支援2のみ	認知症対応型共同生活介護(グループホーム) 地域密着型介護老人福祉施設入居者生活介護 地域密着型特定施設入居者生活介護
施設サービス		介護老人福祉施設(特別養護老人ホーム) 介護老人保健施設(老人保健施設) 長期療養型医療施設(療養病床等)

▶第4章　成年後見にかかわるしくみ

が行っている地域支援事業の介護予防事業を受けることができます。

　要支援1〜2の認定を受けた方は、地域包括支援センターへ依頼し、「契約」をして、介護予防ケアプランを作成してもらうことができます。

　要介護1〜5の認定を受けた方は、居宅介護支援事業所へ依頼し、「契約」をして、ケアプランを作成してもらうことができます。その後、ケアプランとは別に、介護保険サービスを利用する際にも、サービスを提供する各事業所との「契約」をしてそれぞれサービスを受けます。

　介護保険サービスは大きく、①居宅（自宅）で生活をしながら利用する「居宅系サービス」と、②施設で中長期の間を過ごしながら利用する「施設系サービス」の2つに分けることができます。

　居宅系サービスでは、認定の区分によって1カ月の給付額に限度があります（図表4-4）。サービス利用料の1割が自己負担となりますが、給付額の限度を超えた部分は全額自己負担（10割負担）となります。

　被後見人がサービスの利用が必要になった場合、後見人として、被後見人に必要なサービスの種類・事業者と、（将来にわたって）必要となる

〔図表4-4〕居宅サービスの1カ月の支給限度額

区分	支給限度額（単位）	支給限度額（円）	1割負担の目安（円）
要支援1	4,970	49,700	4,970
要支援2	10,400	104,000	10,400
要介護1	16,580	165,800	16,580
要介護2	19,480	194,800	19,480
要介護3	26,750	267,500	26,750
要介護4	30,600	306,000	30,600
要介護5	35,830	358,300	35,830

※基本は1単位10円ですが、地域やサービスによって1単位あたりの金額が異なります。
※1割自己負担のほかに、諸費用がかかる場合があります。
※支給限度額とは別に利用できる介護保険サービスには、以下のものがあります。
　①特定福祉用具購入費（特定介護予防福祉用具購入費）の支給
　②住宅改修費（介護予防住宅改修費）の支給
　③居宅療養管理指導（介護予防居宅療養管理指導）

サービス利用料等を総合して考え、必要性を判断しなければなりません。1割の自己負担部分を超えてサービスを使おうとしたとたんに10割の費用がかかってしまいますから、本人の財産状況を十分に考慮したうえで、サービス利用の有無を決定することが必要です。そしてその際には、介護保険のしくみを十分に理解しておくことが求められます。

　施設系サービスでは、サービス利用料の1割負担のほかに、食費、居住費、日常生活費などの費用がそれぞれかかります。費用は、要介護度や施設の種類（特別養護老人ホーム、老人保健施設、介護療養型医療施設）などによって異なります。居宅系のサービスでも、特別養護老人ホームや老人保健施設のショートステイ（短期入所生活介護や短期入所療養介護等）を利用する場合は、1割負担のほかに、食費、居住費、日常生活費などがかかります。

　(F)　**負担軽減措置**

　介護保険では、負担軽減に関する制度がいくつかあります。

①　高額介護サービス費　　介護保険サービスを利用した月の自己負担分（利用料の1割）の合計額（同じ世帯に複数の利用者がいる場合はその合計額）が一定の金額を超えた場合、超えた分が高額介護サービス費として支給されます。申請は、市町村の介護保険の窓口で行います。

②　施設サービス等の居住費（滞在費）や食費の負担減額　　市町村民税の非課税世帯や生活保護を受けているなどの要件を満たす方が、施設サービスなど一定の介護保険サービスを利用する場合、居住費（滞在費）や食費が減額されます。この場合、負担減額の認定を受ける手続が必要になります。市町村の介護保険の窓口で申請を行い、交付された認定証を利用する施設に提示します。

③　高額医療・高額介護合算制度　　医療保険と介護保険の両方の自

己負担額を合算して、年額で設けられた限度額を超えた場合には、申請すると、限度額を超えた分が支給されます。市町村の介護保険の窓口で介護保険の自己負担額証明書を交付してもらい、その証明書を添えて、基準日（毎年7月31日）現在に加入している医療保険の窓口で申請します。後期高齢者医療制度や市町村の国民健康保険に加入している方については、1カ所の窓口でまとめて手続できる場合があります。

そのほかにも、生計困難者や障がい者などに対する負担軽減の制度としてさまざまなものがあり、また、独自の負担軽減制度を設けている市町村もありますから、後見人としては、自治体の関係部署に確認しておくべきでしょう。

また、苦情・相談の窓口が、介護保険の各事業所、市町村、都道府県の国民健康保険団体連合会などに設置されていますし、地域包括支援センターに相談することも可能です。

〈参考資料〉
一般社団法人全国介護者支援協議会『介護サービスガイド帳〔2010年版〕』
厚生労働省ホームページ「介護保険制度の概要」

(2) 地域包括支援センターと居宅介護支援事業所

実際に地域生活をしている高齢者等を支援するに際しては、介護保険サービスや他のサービスを利用することになりますが、そのためには、以下のしくみを確認しておくことが必要です。後見人は、これらのしくみを活用することによって、さまざまなサービスの利用等について、専門的な援助が得られることになります。

(A) 地域包括支援センター

地域包括支援センターは、介護保険法に定められている機関です。平

▶ I　高齢者を支援するためのしくみ

成18年4月から、高齢者やその家族、地域住民などからの、介護、福祉、医療などさまざまな相談に応じて包括的にサポートし、地域で安心して過ごせるよう市町村に設置された機関です。社会福祉士、保健師、主任ケアマネジャー（主任介護支援専門員）などの専門職が配置されています。

　介護保険の申請窓口にもなっていますので、介護保険を申請するときに利用できます。

　被後見人が要支援1～2の場合には、地域包括支援センターに介護予防ケアプランを作成してもらい、介護予防サービスを受けることができます。

　また、介護保険関係以外にも、「お金の管理や手続に不安が出てきたけれど頼る人がいない」、「近所の人の様子が心配」など、さまざまな場面で相談できる機関です。たとえば、高齢者虐待対応においても、地域包括支援センターは、市役所などとともに通報先・対応先として権限を持ち、対応していくという役割があります。また、虐待の被害が大きく「緊急やむを得ない事由」に該当し、緊急対応として特別養護老人ホーム等への入所が必要なときは、市町村の担当者に報告し、措置入所へとつなげる役割も担います。そのほか、一人暮らしの認知症高齢者や消費者被害などに遭いやすい高齢者等のために、成年後見の申立支援や、成年後見制度利用支援事業に関係する業務を行います。

〔地域包括支援センターの主な業務内容〕
- 相談を受けて実情を把握し適切なサービスや制度の利用につなげるなど、総合的な相談や支援
- 高齢者虐待や消費者被害の防止・対応など権利擁護に関する支援
- 支援や介護が必要になるおそれの高い高齢者への介護予防事業などへの利用支援
- 介護保険の要支援1・2と認定された方の介護予防ケアプランの作成等

> 第4章　成年後見にかかわるしくみ

- 地域のケアマネジャー（介護支援専門員）へのサポート
- 地域の関係機関等との連携やネットワークづくり
- 高齢者福祉サービスや要支援・要介護認定の申請代行等

　　※市町村によっては「在宅介護支援センター」も存在し、業務の一部を担っているところもあります。在宅介護支援センターは、地域包括支援センターが設置される以前から、地域の高齢者やその家族などの総合相談窓口として機能してきた機関です。

(B) 居宅介護支援事業所

　居宅介護支援事業所とは、介護保険の認定を受けた方に対して、住み慣れた居宅や地域で可能な限り自立した生活が営めるように支援を提供するところです。介護保険を利用する際のキーパーソンとなる、介護支援専門員（ケアマネジャー）がいます。

　本人の生活環境や心身の状況などに応じて、福祉サービスや医療サービスなどが総合的かつ効率的に提供されるように調整します。具体的には、専門職のケアマネジャーが、要介護認定を受けた方のケアプラン（居宅サービス計画）を作成し、それに基づいて介護サービス事業者がサービスの提供をしているかどうかを確認するなど、連絡・調整をします。

　被後見人が要介護認定を受け、これから介護サービスを受ける場合は、地域にいくつかある居宅介護支援事業所の中から選び、被後見人と一緒にサービスについて相談したうえで、担当となるケアマネジャーにケアプランを作成してもらいます。その後、ホームヘルパーのサービスを受ける場合は訪問介護事業所を、訪問入浴が必要な場合は訪問入浴介護事業所を選び、それぞれ面談をします。そして、どの事業所のサービスを受けるかを選び、契約を結ぶことで、サービスが提供されるのです。

　なお、後見人として、ケアマネジャーが十分に役立っていないと感じたときなどは、ケアマネジャーや居宅介護支援事業所を変更することが

できます。

〔居宅介護支援事業所の主な業務内容〕
・生活や介護の相談支援
・ケアプラン（サービス利用の計画）の作成
・サービス担当者会議（関係者の話合い）の開催
・ケアプランに基づいた介護保険給付の管理
・福祉サービスや医療サービス提供機関等との連絡調整
・サービス利用のモニタリングや評価・見直し
・要支援・要介護認定の申請代行等
・介護保険（要支援・要介護認定）の認定調査

〈参考資料〉
厚生労働省ホームページ〈http://www.mhlw.go.jp/topics/2007/03/dl/tp0313-1a-01.pdf〉

(3) 高齢者虐待防止法

(A) 高齢者虐待防止法の概要

　高齢者が、介護保険制度等を活用して、個人の尊厳が護られた生活を送ることができていればよいのですが、地域社会の中で、独居の高齢者や介護力のない世帯が増えている現状では、高齢者虐待（身体拘束を含みます）の問題が大きくなっています。

　家族（養護者）による虐待の問題があって市町村長申立てによって後見人となったり、被後見人が身体拘束をされていた場合などは、後見人には、本人の権利を護るための具体的な行動が求められます。

　まずは、高齢者が虐待や身体拘束によって権利を侵害されている場合に対応するための高齢者虐待防止法について、最低限の理解をしておくことが必要でしょう。

　高齢者虐待防止法（正式名称は、「高齢者虐待の防止、高齢者の養護者に

対する支援等に関する法律」といいます）は、平成18年4月1日に施行されました。この法律では、高齢者に対する虐待は高齢者の尊厳を侵害する重要な問題であるとし、市町村や都道府県を対策の担い手として明確に位置づけました。また、この法律の目的は「高齢者の権利利益の擁護に資すること」であり、虐待を受けた高齢者の保護や、家族などの養護者に対する虐待防止に向けた支援などを行い、高齢者の権利を護ろうとするものです（同法1条）。虐待を防止するための具体的な措置として、たとえば、虐待を発見した人は、市町村や地域包括支援センターに通報するように努めなければならず、また、高齢者の生命や身体に重大な危険が生じている場合は、速やかに市町村に通報しなければなりません（同法7条1項・2項）。

Ⓑ 高齢者虐待とは

　高齢者虐待とは、いったいどのようなものなのでしょうか。新聞やニュースなどで事件として取り上げられるようなひどい虐待もありますが、「これって虐待？」と判断に迷うようなことも、広い意味で虐待に含まれると考えられています。施設や病院における身体拘束（車いすやベッドに体や手足をひもなどで縛る、ベッドを柵で囲むなど）や不適切なケアも、虐待の周辺に存在するものです。このような行為は、高齢者虐待防止法では「虐待」に含まれていませんが、それにより高齢者の権利が侵害されているという事実は、虐待と変わらないので、虐待対応という視点でとらえていく必要があります。後見人として被後見人の権利を護ることは、とても重要な仕事ですから、高齢者虐待防止法の趣旨や目的を理解し、適切に対処していくことが求められます。

　高齢者虐待防止法で定める高齢者虐待の範囲は、次のとおりです。

　まず、「高齢者」とは65歳以上の者と定義し（同法2条1項）、高齢者虐待を「養護者による高齢者虐待」と「養介護施設従事者等による高齢

者虐待」の2つに分けています。

　養護者とは、高齢者の世話をしている家族、親族、同居人等のことをいいます。養介護施設従事者等とは、「養介護施設」または「養介護事業」の業務に従事する者のことです（養介護施設、養介護事業については、図表4－5参照）。

　高齢者虐待は、以下の5つの行為に分類されています。
① 身体的虐待：高齢者の身体に外傷が生じ、または生じるおそれのある暴力を加えること。具体例としては、次のようなものがあります。
   ・平手打ちをする。つねる。殴る。蹴る。食事を無理矢理口に入れる。やけど・打撲させる。
   ・ベッドに縛り付けたり、意図的に薬を過剰に服用させたりして、身体拘束・抑制をする。
② 介護・世話の放棄・放任：高齢者を衰弱させるような著しい減食、長時間の放置など、養護を著しく怠ること。具体例としては、次のようなものがあります。
   ・入浴しておらず異臭がする。髪が伸び放題になっている。皮膚が汚れているのを放置する。

〔図表4－5〕養介護施設、養介護事業

養介護施設	養介護事業
老人福祉施設	老人居宅生活支援事業
有料老人ホーム	居宅サービス事業
介護老人福祉施設	地域密着型サービス事業
介護老人保健施設	居宅介護支援事業
介護療養型医療施設	介護予防サービス事業
地域密着型介護老人福祉施設	地域密着型介護予防サービス事業
地域包括支援センター	介護予防支援事業

- 水分や食事を十分に与えられていないことで、空腹状態が長時間にわたって続いたり、脱水症状や栄養失調の状態にあるのを放置する。
- 室内にごみを放置するなど、劣悪な住環境の中で生活させる。
- 高齢者本人が必要とする介護・医療サービスを、相応の理由なく制限したり、使わせないようにする。
- 同居人により高齢者虐待と同様の行為が行われていることを放置する。

③　心理的虐待：高齢者に対する著しい暴言または著しく拒絶的な対応、その他の高齢者に著しい心理的外傷を与える言動を行うこと。具体例としては、次のようなものがあります。
- 排泄の失敗を嘲笑したり、それを人前で話すなどにより高齢者に恥をかかせる。
- 怒鳴る。ののしる。悪口を言う。
- 侮辱的な意味を込めて、子どものように扱う。
- 高齢者が話しかけてくるのを意図的に無視する。

④　性的虐待：高齢者にわいせつな行為をすること、または高齢者をしてわいせつな行為をさせること。具体例としては、次のようなものがあります。
- 排泄の失敗に対して懲罰的に下半身を裸にして放置する。
- キス、性器への接触、セックスを強要する。

⑤　経済的虐待：高齢者の財産を不当に処分すること、その他高齢者から不当に財産上の利益を得ること。具体例としては、次のようなものがあります。
- 日常生活に必要な金銭を渡さない、使わせない。
- 本人の自宅などを本人に無断で売却する。

・本人の年金や預貯金を本人の意思・利益に反して使用する。

　ちなみに、以下の行為については、施設での「不適切なケア」ではなく、「虐待」に該当するとされています（平成22年9月厚生労働省）。

Ⓐ　入所者を車いすやベッド等から移動させる際に、必要以上に身体を高く持ち上げた。

Ⓑ　裸になった入所者の姿を携帯電話で撮影し、他の職員に見せた。

Ⓒ　入所者の顔に落書きをして、それを携帯電話で撮影し、他の職員に見せた。

(C) **虐待かどうかの判断**

　高齢者虐待防止法は、「虐待」があったかどうかの判断において、虐待を行っている家族（養護者）や、虐待を受けている高齢者が、その行為を虐待としてとらえているかという「虐待の自覚」は必要としていません。「高齢者が、他者からの不適切な扱いにより、権利利益を侵害される状態や生命・健康・生活が損なわれるような状態に置かれること」を高齢者虐待としてとらえることが重要なポイントなのです。

　高齢者虐待防止法では、客観的に見て高齢者の権利利益が侵害されている事実があるかどうかで、虐待があったどうかを市町村が判断します。そして、虐待の解消のために必要な支援が、市町村の責任で行われるのです。

　たとえば、高齢者が叩かれたという場合を想定してみましょう。家族（養護者）が「介護もきちんとやっているし、少しくらい叩くのはしつけのうちだ。なぜそれを虐待と言われなければいけないんだ」といっても、高齢者が叩かれたというのは事実です。そして、「叩く」という行為が、高齢者の権利を侵害することは明らかです。

　また、「虐待であるか、虐待でないか」という判断は、上に述べたように、市町村が判断するものです。ですから、通報や相談をするときに

は「これって虐待？」、「虐待かもしれない」という程度で通報すればよく、「虐待である」という証拠も必要ではありません。

なぜ、客観的に見て権利が侵害されている状態を「虐待」としてとらえるのでしょうか。それは、虐待が深刻化して、大きな問題になる前に、できるだけ早い段階で虐待状態を解消するためです。

(D) 身体拘束

虐待だけでなく、高齢者の身体の自由を奪う「身体拘束」は、緊急やむを得ない場合を除いて、高齢者虐待に該当する行為と考えられています。身体拘束の具体的な例としては、次のようなものがあります。

〔身体拘束の具体例〕
- 徘徊、転落、他人への迷惑行為を防ぐために、車いすやベッドに体幹や四肢をひもなどで縛ったり、ベッドを柵（サイドレール）で囲んだりする。
- 点滴や経管栄養等のチューブを抜かないように、または皮膚をかきむしらないように、四肢をひもなどで縛ったり、手指の機能を制限するミトン型の手袋等をつける。
- 立ち上がる能力のある人に対して、立ち上がりを妨げるいすを使用する。
- 脱衣やおむつはずしを制限するために、介護衣（つなぎ服）を着せる。
- 行動を落ち着かせるために、向精神薬を過剰に服用させる。
- 自分の意思で開けることのできない居室等に隔離する。

介護保険施設などでは、利用者本人や他の利用者等の生命・身体を保護するために緊急でやむを得ない場合を除いて、身体拘束は禁止されています。「緊急やむを得ない場合」とは、以下の3つの要件をすべて満たす場合です（厚生労働省身体拘束ゼロ作戦推進会議「身体拘束ゼロへの手引き」(2001年)）。

① 切迫性：利用者本人または他の利用者等の生命または身体が危険

にさらされる可能性が著しく高いこと
② 非代替性：身体拘束その他の行動制限を行う以外に代替する介護方法がないこと
③ 一時性：身体拘束その他の行動制限が一時的なものであること

また、これら３つの要件を満たすことに加えて、施設から本人や家族に対し、身体拘束に関する十分な説明をすることや記録を作成することなどが必要とされています。

後見人は、被後見人が施設に入所しているときや入院しているときに身体拘束されているのを発見した場合には、直ちに職員に説明を求め、上記の３つの要件を同時に満たしているかを確認すべきです。被後見人の権利を護ることは、後見人の重要な役割です。

(E) **高齢者虐待対応の流れ**

高齢者虐待への対応の具体的な流れは、〔図表４－６〕のとおりです。

まず、虐待を受けている高齢者を安全な場所に避難させることになります。そのために必要な場合は、老人福祉法による措置として、ショートステイや特別養護老人ホームへ入所することができます。

また、成年後見制度の活用は虐待防止に有効であることから、高齢者虐待防止法には市町村長申立ての活用についても規定されています（同法９条・24条・27条・28条）。

〈参考資料〉
大渕修一監修『高齢者虐待対応・権利擁護実践ハンドブック』（法研、2008年）
厚生労働省身体拘束ゼロ作戦推進会議「身体拘束ゼロへの手引き」（2001年）

▶第4章 成年後見にかかわるしくみ

〔図表4－6〕高齢者虐待への対応の流れ

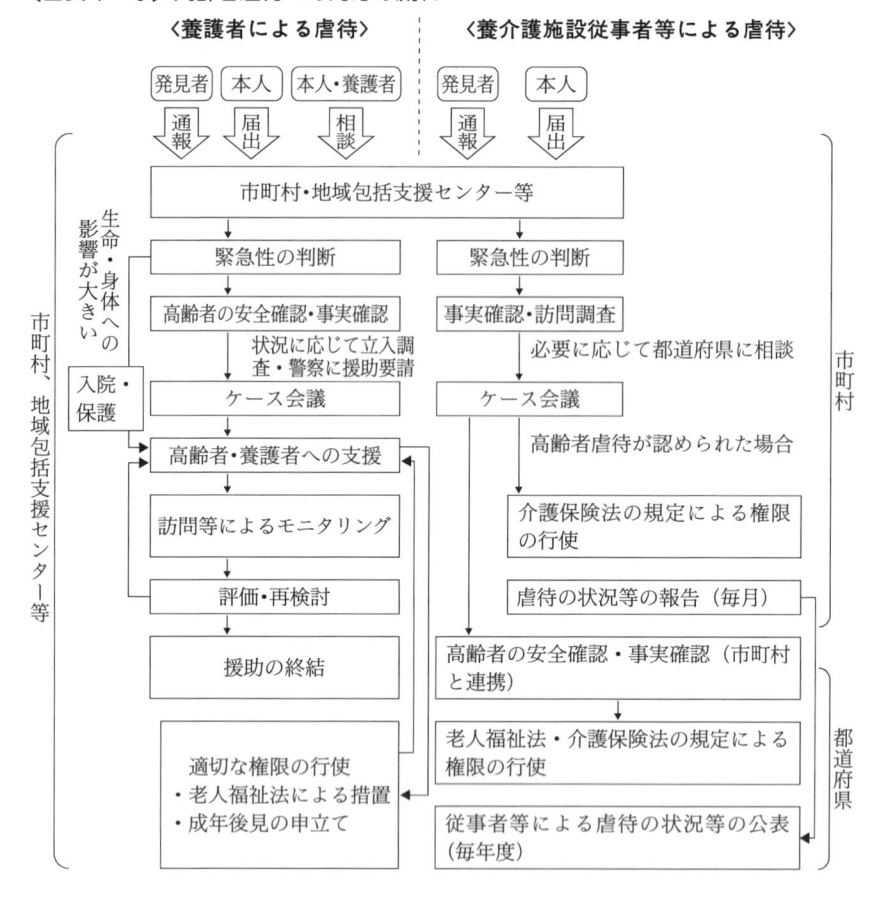

〈養護者による虐待〉｜〈養介護施設従事者等による虐待〉

```
発見者  本人  本人・養護者    発見者  本人
 ↓通報  ↓届出  ↓相談        ↓通報  ↓届出
```

市町村・地域包括支援センター等

〈養護者による虐待〉
- 緊急性の判断
- 高齢者の安全確認・事実確認
  - 状況に応じて立入調査・警察に援助要請
- ケース会議
- 高齢者・養護者への支援
- 訪問等によるモニタリング
- 評価・再検討
- 援助の終結
- 適切な権限の行使
  ・老人福祉法による措置
  ・成年後見の申立て

生命・身体への影響が大きい → 入院・保護

市町村、地域包括支援センター等

〈養介護施設従事者等による虐待〉
- 緊急性の判断
- 事実確認・訪問調査
  - 必要に応じて都道府県に相談
- ケース会議
- 高齢者虐待が認められた場合
- 介護保険法の規定による権限の行使
- 虐待の状況等の報告（毎月）
- 高齢者の安全確認・事実確認（市町村と連携）
- 老人福祉法・介護保険法の規定による権限の行使
- 従事者等による虐待の状況等の公表（毎年度）

市町村 / 都道府県

（1 社会福祉士　堀江　香）

2 障がい者を支援するためのしくみ

(1) 障害者自立支援法

(A) 措置から契約へ——障害者支援費制度、障害者自立支援法

　介護保険法の開始とほぼ同時期に、障がい者福祉の分野においても、福祉サービスを行政が決めて提供するという「措置制度」から、福祉サ

198

ービスの利用者とサービスを提供する事業者とが直接「契約」するという制度（障害者支援費制度）に変わりました。

そして、この契約制度を踏襲する障害者自立支援法が、平成18年4月1日より施行されました。

しかし、障害者自立支援法は、多くの課題を残していました。その１つが、サービスの利用料と所得に応じた定率負担の導入です。それまでは、利用者の所得に応じて自己負担額が決まるしくみ（応能負担）となっていたものが、障害者自立支援法では、サービスの利用量に応じて自己負担額が決まるしくみ（応益負担・定率負担）がとられたのです。これに対しては、障がいが重度で、よりサービスが必要な人の負担が大きくなるという危惧が指摘されることとなりました。そのため、当事者が不利益を被らないよう、利用者負担の上限月額が改正されるなど、さまざまな経過措置がとられました。当初は、資産が一定額以下である障がい者等が対象でしたが、平成21年に障害者自立支援法施行令が改正されたことにより、資産要件そのものが廃止されることになったのです。しかし、一部の改正だけでは根本的な解決には至らなかったことから、平成22年12月の臨時国会において「障がい者制度改革推進本部等における検討を踏まえて障害保健福祉施策を見直すまでの間において障害者等の地域生活を支援するための関係法律の整備に関する法律」が成立し、一部の課題については解決への糸口が示されました（なお、以下では、同法による改正がされた後の障害者自立支援法を「改正自立支援法」といいます）。

(B) **障害者自立支援法の概要**

後見人が、障がいのある人の生活支援に必要不可欠な福祉サービスを調整していくために知っておくべき障害者自立支援法のポイントとして、以下のものがあります。

▶第 4 章　成年後見にかかわるしくみ

　　(a)　障がいの種別にかかわらない福祉サービスの利用

　まず第 1 に、知的障がい、身体障がい、精神障がいという障がいの種別にかかわらず、身近な市町村で、一元的に福祉サービスが提供されます。この障がいの区分には、発達障がいや高次脳機能障がいが定義づけられていませんでしたが、改正自立支援法では、発達障がいのある人たちも同法の対象であると法律に明示されることになりました。また、高次脳機能障がいのある人たちは、障害者自立支援法の対象とされていましたが（厚生労働省社会・援護局障害保健福祉部長通知（平成21年 8 月24日））、今般の改正により、障がい者福祉の対象であることを今後通知などであらためて確認するという方向が示されています。

　　(b)　責任を明確にした福祉事業の再編

　次に、障がい者福祉サービスが、原則的に全国共通の「個別給付事業」（「介護給付」「訓練等給付」と呼ばれます）と、地域の特徴を反映した「地域生活支援事業」とに再編されました。これにより、市町村の責務がより明確にされ、市町村主体の障がい者福祉が整備されることになりました。一方では、ヘルパーとの外出といった移動支援事業でさえも、自治体によってサービス事業所の数や利用できる時間が異なるというように、利用できる福祉サービスの地域格差が生じています。

　後見人は被後見人の生活の質の維持・向上のために、福祉サービスに関する自治体の判断に対して、異議申立てや交渉をしなければならない場面も出てきます。

　また、この地域生活支援事業の 1 つである「成年後見制度利用支援事業」（後記3(2)参照）は、従前は任意事業であり、自治体によって実施の有無やその内容に差がありましたが、改正自立支援法により、すべての自治体が必ず行わなければならない必須事業となりました。しかし、その内容については自治体により異なる可能性があります。障がいのある

人の権利を擁護するためには、成年後見制度利用支援事業のさらなる充実が求められ、今後の動きを見守る必要があります。

(c) 地域生活支援

さらに、従来の「入院」や「施設入所」で24時間型暮らす従来のサービス体系を見直し、「日中活動の場」と「生活の場」とに区分することで、住まいを含め、障がい者が自分にあったサービスを選び、ノーマライゼーションに適った地域生活を送れるようなしくみの実現がめざされています。

また、改正自立支援法では、グループホームやケアホームを利用する際の助成制度も創設されました。

(d) 相談支援専門員の配置

また、介護保険制度の「介護支援専門員」と同様の役割をもつ「相談支援専門員」が配置され、障がいのある人たちが安心して地域生活を継続できるよう、ニーズを聴き取り、必要なサービスを調整するために、ケアマネジメントが行われています。そして、市町村は、介護保険における「地域包括支援センター」と同様の役割をもつと思われる「基幹相談支援センター」を設置できることとしました。

(e) 福祉サービス支給決定の透明化・明確化

福祉サービスの支給決定について透明化・明確化を図るため、全国一律の障害程度区分が設けられ、適切なサービス利用計画に基づき支給決定されることになりました。

しかし、障害程度区分の認定調査項目が障がい者の実態や特性に応じたものではないこと、障害程度区分を認定する審査会に障がい当事者の関与が不十分であったこと、区分によって利用できるサービスが制限されることなどの問題があげられており、障がいのある人たちの生活実態により適合させるための調査方法が望まれています。

▶第4章　成年後見にかかわるしくみ

後見人はこの認定調査に立ち会うこともあります。また、認定された障害程度区分に異議がある場合は不服申立てをすることになりますし、福祉サービスが適切に提供されているかモニタリングすることも大切な役割の1つとなります。

　(f)　**利用者負担**

従前の障害者自立支援法では、利用者負担の問題が指摘されていました。

障害者自立支援法が成立した段階では、福祉サービス利用者は利用料の定率（1割）を負担することとされ（定率負担）、収入の多寡にかかわらず、障害程度区分が重くて支援が必要な人ほど金銭的な負担が増大することから、福祉サービスの利用を控えることを余儀なくされた人もいました。

定率負担については、当初から当事者団体などによる批判の声があがっており、訴訟にまで至っていました。障害者自立支援法違憲訴訟団と国との間で交わされた基本合意文書では、平成25年までに障害者自立支援法を廃止すること、新たな総合的な福祉法制を実施することなどとあわせて、定率負担を廃止することが示されました。

この合意文書を受けて、改正自立支援法では、実質的に、障がいのある人本人の家計の負担能力に応じた費用負担（応能負担）に改められました。

　(C)　**まとめ**

このように、障害者自立支援法は、障がいのある人の地域生活支援に不可欠な福祉サービスについて定めていますが、サービス内容は多岐にわたり、しかも自治体によって異なるので、後見人とはいえすべてを把握することは困難です。そこで、先にあげた相談支援事業者等の地域の専門相談機関等と適切に連携をとることが望まれます。

〈参考資料〉
厚生労働省ホームページ「障害福祉サービス等」〈http://www.mhlw.go.jp/bunya/shougaihoken/service/〉

(2(1)　社会福祉士　船井　幸子)

(2) 精神保健福祉法

(A) 概　要

　精神保健福祉法(正式名称は、「精神保健及び精神障害者福祉に関する法律」)は、昭和25年に「精神衛生法」として公布されました。その後に「精神保健法」と名称が変わり、平成7年に現在の名称に改正されています。

　精神保健福祉法の目的は「精神障害者の医療及び保護を行い、その社会復帰の促進及びその自立と社会経済活動への参加の促進のために必要な援助を行い、並びにその発生の予防その他国民の精神的健康の保持及び増進に努めることによって、精神障害者の福祉の増進及び国民の精神保健の向上を図ること」(1条)とされています。それまでは主に精神科医療の対象だけであった精神障がいのある人の生活を、病院内から地域に広げていくため、医療に福祉の視点が加えられている点が特徴です。

　この法律の対象は精神障がいのある人で、診断名としては「統合失調症、精神作用物質による急性中毒又はその依存症、知的障害、精神病質その他の精神疾患を有する者」(同法5条)があげられます。うつ病や神経症の診断を受けた人たちも「その他の精神疾患を有する者」として、精神障がいのある人を対象とした精神障害者保健福祉手帳が交付される場合がありますが、医師の診断によって判断されることになります。このうち、知的障がいのある人は別の法律(知的障害者福祉法)の対象となっています。そのため、精神障害者保健福祉手帳は、知的障がいだけ

を理由にして交付されることはありません。また、平成22年の障害者自立支援法の改正によって、発達障がいのある人にも精神障害者保健福祉手帳が交付されやすくなりました。

精神保健福祉法の対象となる精神障がいのある人は、長期にわたり通院あるいは入院を続けており、医療との関係は不可欠です。さらに、医療を生活の中心としながらも、いかに日常生活の質を維持し、あるいは高めていくかが課題でした。障害者自立支援法が成立し、障がいの種別にかかわらず同様の福祉サービスが受けられるようになりましたが、精神障がいのある人が地域生活を送るためには、医師をはじめとする地域の医療・福祉の専門家による支援や、住民の理解が重要となります。

(B) 精神保健福祉法の保護者と成年後見人・保佐人の関係

精神保健福祉法20条では、後見人または保佐人、配偶者、親権を行う者、扶養義務者の順に、保護者となることを定め、その義務と権利を明らかにしています。同法22条および41条であげられている保護者の役割としては、①治療を受けさせる義務、②財産上の利益を保護する義務、③医師への協力義務、④医師の指示に従う義務、⑤措置入院等から退院する者の引き取り義務があります。ただし、退院時に引き取る義務については、担当医師や精神障害者社会復帰施設の長に対し、相談し、および必要な援助を求めることができる権限をもち、必ずしも保護者が同居することを意味しているわけではありません。実際、市民後見人等の第三者後見人が1人で精神障がいのある人の退院後の居住先まで探すことは困難です。場合によっては地域の不動産業者などを本人と一緒に訪問することはありますが、多くは病院のケースワーカーや行政の福祉担当者の支援を受けることになります。このほかに、医療保護入院に同意する権限（同法33条）、入院中の患者に対する退院および処遇改善等の請求権（同法38条）が認められており、保護者は、精神障がいのある人の

健康と福祉を第一に考える義務を有するともいえます。

　前述のように、成年後見人あるいは保佐人が選任された場合、この保護者に就任することになります。しかし、一般的に、後見人には医療行為に同意する権限や被後見人がどこに住むかを決める居所指定の権限は与えられていないと考えられています。一方で、精神保健福祉法では、保護者には精神障がいのある人に適切に治療を受けさせる義務や医療保護入院に同意する権利と義務が定められています。このように、精神保健福祉法での保護者としての権利義務と民法での成年後見人・保佐人としての権利義務とが一致していない点について、これまでも課題として指摘されています（上山泰『専門職後見人と身上監護〔第2版〕』170頁～175頁）。

　さらに、後見人の義務と権限があいまいなまま後見事務を進めていくことで、次に述べる民法714条の監督義務者としての責任を果たせない危険もあり、市民後見人等の第三者後見人が安心して精神障がい者の権利を擁護していくためには、上記の課題解決が望まれるところです。

(C)　監督義務者としての責任

　精神障がい者の後見人は、精神保健福祉法の保護者としてだけでなく、被後見人の療養看護の義務をもつ後見人として、民法714条の監督義務者として、被後見人が第三者に与えた損害についての責任を負うことにもなります。その責任が免除されるためには、監督義務を怠らなかったこと、または、監督するべき内容と生じた損害に因果関係がなかったことという証明が求められます。過去には、精神障がいのある人が与えた損害に対して保護者である家族に責任が求められた例もありますから、後見人は、保護者としての責任を強く意識することが求められます。

　具体的には、精神障がいのある人の後見人として選任された場合、少なくとも通院し治療が適切に行われているか、あるいは服薬が遵守され

ているかを確認し、そうでない場合には速やかに主治医や地域の保健福祉機関等に報告・相談するといった責任を果たすことが必要といえます。

―〈参考資料〉――――――――――――――――――――――――
実践成年後見21号「特集　精神障害と成年後見」（2007年）
――――――――――――――――――――――――――――

(2(2)　社会福祉士・臨床心理士　小嶋　珠実)

(3) 発達障害者支援法

(A) 法の沿革

「発達障がい者」と聞くと、どのような状態の方をいうか、思い浮かぶでしょうか。

最近では「10人に1人が発達障がい圏にある」ともいわれ、知能検査の全体的結果としては平均あるいはそれ以上であっても、細かく見ると得意・不得意のばらつきが目立ったり、他人の気持ちを想像するのが難しかったり、感情や行動のコントロールが難しかったりするというような、日常生活に支障がある「アスペルガー症候群」、「高機能自閉症」、「AD／HD（注意欠陥多動性障害）」などが話題に上るようになりました。それに伴って、精神科専門医に診断を受ける人も増えてきました。

しかし、生活に支障が大きく、就労継続などの点で困難を抱えているのにもかかわらず、知的障がいではないため療育手帳は交付されないことから、福祉サービスを利用できないことが問題とされるようになりました。

「発達障がい児・者も必要なサービスを使いたい！」という全国各地の本人・保護者の声が高まり、平成16年に超党派の「発達障害の支援を考える議員連盟」が結成され、国会に議員立法として法案が提出され、発達障害者支援法が成立しました。

発達障害者支援法の目的は「発達障害者の自立及び社会参加に資する

ようその生活全般にわたる支援を図り、もってその福祉の増進に寄与すること」（1条）とされています。

(B) **発達障害者支援法の対象**

発達障害者支援法における「発達障害」とは、「自閉症、アスペルガー症候群その他の広汎性発達障害、学習障害、注意欠陥多動性障害その他これに類する脳機能の障害であってその症状が通常低年齢において発現するもの」（2条1項）とされています。知的障がいを伴った自閉症も法律の対象とされています

(C) **必要とされる支援**

発達障害者支援法においては、「国及び地方公共団体は、発達障害児に対し、発達障害の症状の発現後できるだけ早期に、その者の状況に応じて適切に、就学前の発達支援、学校における発達支援その他の発達支援が行われるとともに、発達障害者に対する就労、地域における生活等に関する支援及び発達障害者の家族に対する支援が行われるよう、必要な措置を講じるものとする」（3条2項）とされています。ここでいう「発達支援」とは「医療的、福祉的及び教育的援助」（2条3項）です。つまり、発達障がい者のそれぞれの年齢・生活段階に応じ、一貫した、しかも関係機関が連携した総合的な支援の必要性（3条4項）が明確にされました。

(D) **利用できるサービス**

(a) **発達障害者支援センター**

発達障がい者およびその家族に対し、専門的な相談に応じ、助言を行い、発達支援・就労支援等を実施するために、平成14年度から実施されていた「自閉症・発達障害支援センター」が「発達障害者支援センター」として発達障害者支援法に位置づけられました。全国の都道府県および政令指定都市等に設置されています。

(b) その他のサービス

　発達障害者支援法では、国および地方公共団体の努力義務を広範囲に規定しているものの、発達障がい者向けの具体的な福祉サービスは規定されていません。そのため、発達障害者支援センター以外に、同法の成立によって実際に何かが新しく利用できるようになったという実感はありませんでした。

　これに対し、発達障がい者にも福祉サービスが利用できるようにしてほしいという要望が出されました。これを受けて、平成22年12月に障害者自立支援法が改正された際、発達障がい者が障害者自立支援法の対象となることが法的に明確になりました（同法4条1項）。これによって、長い間「制度の谷間の障がい」と言われていた発達障がいをもつ人たちが、ようやく福祉サービスの対象者となったのです。

　また、精神障害者保健福祉手帳の判定書式に発達障がいの項目が明記されたことで、精神障害者保健福祉手帳の交付を受けやすくなりました。

(E) 発達障がい者の後見人として

　発達障がい者の中でも、知的障がいを伴わない人たちは、一般的には軽度の障がいと思われがちですが、本人の抱えている生きにくさは、決して軽いものではありません。

　発達障がいのある人を後見人が支援する場合、障がいの程度からすると保佐人あるいは補助人としてかかわることが多くなると思われますが、症状は個人差も大きいため、障がいそのものを理解することが最も重要なポイントになります。

　発達障がいが知られるようになったのが比較的最近であることから、発達障がいとしての診断がされないままに、成人になって苦労しながら生活している方がたくさんいます。この方たちは、一見しただけでは障がいがあるとはわからないため、学校や職場では適応が難しく、「常識

がない」、「失礼だ」と怒られ、本人も生きづらいと思いつつ自分の努力不足だろうと、苦労を重ねてきました。発達障がい者が福祉サービスを受けられるようになったといっても、成人になってから初めて発達障がいという診断を受けた方が、自分に障がいがあることを受容し福祉サービスを受けることには、抵抗が大きいことも少なくありません。

　後見人は、発達障害者支援センターや発達障がいに通じた医師と十分に連携をとり、本人との距離を測りつつ、頑張りすぎずにかかわることが大切です。

〈参考資料〉
厚生労働省ホームページ「発達障害者支援施策」〈http://www.mhlw.go.jp/bunya/shougaihoken/hattatsu/〉

(②(3)　社会福祉士　田中　真由美)

⑷　障害者虐待防止法

　障害者虐待防止法（正式名称は、「障害者虐待の防止、障害者の養護者に対する支援等に関する法律」）が平成23年6月17日に成立しました（施行は平成24年10月1日の予定）。これまで、平成22年度に厚生労働省の委託事業として「障害者虐待防止・権利擁護指導者養成研修」が実施され、また、それ以前にも基礎自治体レベルで障がい者虐待防止マニュアルが作成されていました。また、千葉県やさいたま市等が、障がい者に対する差別禁止や障がい者の権利擁護を盛り込んだ条例を定めるなど、障がい者虐待を防止するための取組みはさまざまな形でみられましたが、ようやくその基本となる法律が制定されたのです。

　障害者虐待防止法は、2条で、「障害者」、「養護者」、「障害者虐待」などについて定義をしています。そのうえで、養護者による障害者虐待の防止（第2章）、障害者福祉施設従事者等による障害者虐待の防止

▶第4章　成年後見にかかわるしくみ

（第3章）、使用者による障害者虐待の防止（第4章）、就学する障害者等に対する虐待の防止（第5章）を定め、さらに、障害者虐待防止の中核組織となる市町村障害者虐待防止センターおよび都道府県障害者権利擁護センター（第6章）について定めています。以下では、同法のポイントを紹介します。

(A)　障がい者虐待とは

障害者虐待防止法2条において、養護者による虐待、障害者福祉施設従事者による虐待、使用者による虐待を「障害者虐待」と定義しています。

このうち、「サン・グループ事件」（滋賀県）、「水戸アカス事件」（茨城県）等の障がい者雇用の場における刑事事件の経験から、障がい者を雇用する使用者による虐待が明示された意義は大きいといえます。同時に、使用者による虐待についての労働基準監督署や職業安定所等の労働行政の役割も明らかにされたことで、適切な対応がなされることが期待されます。

また、学校、保育所等、医療機関において研修を実施することや虐待を発見した場合の対応が明らかにされました。これらの機関が地域で障がい者虐待防止のネットワークを構成することにより、虐待の早期発見・防止につながることが期待されます。

障害者虐待防止法附則2条では、学校、保育所等、医療機関、官公署等における障がい者虐待の防止等の体制整備については、施行から3年をめどとして検討し、必要な措置を講ずるものとされています。

(B)　障害者虐待防止法の対象者と支援の基本的視点

障害者虐待防止法の対象である「障害者」は、障害者基本法における「障害者」です。障害者基本法では、これまで身体障がい、知的障がい、精神障がいのみを「障害」と定義してきました。しかし、平成23年の障

害者基本法の改正により、「障害」とは、「身体障害、知的障害、精神障害（発達障害を含む。）その他の心身の機能の障害（以下「障害」と総称する。）がある者であつて、障害及び社会的障壁により継続的に日常生活又は社会生活に相当な制限を受ける状態にあるもの」と定義されました。

　これにより、従来の障がいの概念に縛られることなく、社会的弱者を広く支援するという視点が、障がい者虐待の対応に求められることになりました。

　虐待されている障がい者を支援するにあたっては、生命または身体の重大な危機に直面したときの行政による緊急一時的な措置は極めて重要であり最優先すべき事項といえます。一方で、単にパターナリスティックな保護を前面に出すだけでなく、障がい者福祉の場面における当事者の主張、「私たちのことは私たち抜きで決めないで」という当然ともいえる権利を擁護していく視点を持ちながら虐待に対応していくことも、同じく重要といえます。

　(C)　虐待への対応

　障害者虐待防止法における障がい者虐待への対応は、高齢者虐待への対応とほぼ同様のしくみをとっています。たとえば、養護者による虐待への対応として、居室の確保、立入調査、警察署長に対する援助要請、面会の制限、養護者の支援があげられています。また、使用者虐待に対しては、都道府県労働局や公共職業安定所など労働行政の関与が定められています。

　各地域で虐待防止・対応が適切に実施されるような関係機関のネットワークが構築されることが望まれます。

　(D)　**自治体等の役割——障害者権利擁護センター、障害者虐待防止センター**

▶第4章　成年後見にかかわるしくみ

　障がい者虐待防止・対応の実施機関として、都道府県に「障害者権利擁護センター」が、市町村に「障害者虐待防止センター」が設置されることになりました。これらの機関が、高齢者虐待対応の中心である地域包括支援センターや、障害者自立支援法の改正により平成24年に設置されることになった基幹相談支援センターと、連携・役割分担をしていくことが重要といえます。

　特に、基幹相談支援センターが、地域での障がい者虐待対応の中心と位置づけられ、活動を進めていくにあたって、高齢者虐待への対応で先行した取組みをしている地域包括支援センターから学ぶべき点は多いと思われます。

　(E)　**成年後見制度の利用**

　障害者虐待防止法43条では、消費者被害や経済虐待への対応として、市町村長申立てによる成年後見制度の活用について明示されています。さらに、同法44条では、障がい者虐待の防止等のために成年後見制度の利用を促進することを国・地方公共団体に義務づけています。

　障害者自立支援法では、平成22年の改正により、成年後見制度利用支援事業が市町村地域生活支援事業の中で必須化されることとなっています。虐待対応の有効な手段である成年後見制度の利用が促進されるよう、事業内容の充実が期待されます。特に、虐待対応には、専門職後見人の力が必要となることが多いため、後見報酬の確保が重要な要素になるといえます。

　また、虐待についての緊急対応が終結し、長期にわたる見守りが後見人の主な役割になってからは、専門職後見人から市民後見人にリレーしていくことも、虐待対応のためのマンパワーを確保していく1つの手段となるでしょう。

　(F)　**研修の充実**

障害者虐待防止法において、高齢者虐待防止法と同様に障害者福祉施設従事者等に通報義務が課されました（同法7条・16条・22条）。これにより、早期発見と適切な保護、自立支援に結び付けることが可能となりました。ただし、これまでの虐待対応にみられたように、「虐待」かどうかの判断に躊躇し、そのために通報や対応が遅れる、ということがないようにするためには、関係機関の職員が障害者虐待防止とその趣旨を理解し（たとえば、虐待かどうかの判断をするのは通報を受けた市町村で、通報者は「虐待かもしれない」という程度で通報すればよいこと）、権利擁護を含めた障がい者虐待に関する知識をもてるよう、十分な研修が必要となります（障害者虐待防止法4条・15条・21条・29条・30条・31条）。

（2(4)　社会福祉士・臨床心理士　小嶋　珠実）

(5)　障がい者を支えるその他のしくみ

　障がい者を支援していくためには、先に述べた法律に従った福祉サービスのほかに、いくつかの支援体制が地域で整備され、機能しています。ここでは代表的な相談機能について触れることにします。

(A)　障害者相談支援事業と地域自立支援協議会

(a)　障害者相談支援事業

　障害者相談支援事業（相談支援事業）とは、社会福祉士や精神保健福祉士等の資格をもつ障害者相談支援専門員（相談支援専門員）が常駐する障害者相談支援事業所（相談支援事業所）において、地域で生活する障がいのある人のための総合相談を行うことをいいます。障害者自立支援法等の制度によるフォーマルサービスだけでなく、インフォーマルサービスを含めた幅広い社会資源を駆使し、障がいのある人の地域生活を調整（ケアマネジメント）していくことになります。

　相談支援事業所には、地域包括支援センターのような権限はありませんが、障害者自立支援法の改正により、相談支援事業所と同様の機能を

▶第4章　成年後見にかかわるしくみ

担う「基幹相談支援センター」が、地域の相談支援の中核的な役割を担う機関として定められました。また、相談支援事業所の充実により、従来の相談窓口であった福祉事務所は、支給決定機関としての機能に重きが置かれるようになり、それぞれの役割が分化されつつあるといえます。

　ここで、相談支援事業所が行うケアマネジメントについてみていきます。ケアマネジメントでは、一定の手順に従って、障がいのある人のニーズを実現していきます（この点、障がいのある人の権利を擁護するべき代弁者である後見人と通じるものがあります）。特に「福祉」の立場からの支援者としての役割を、相談支援専門員が担うことになります。

　障がいのある人の中には、福祉サービスを利用する目的で相談にくる人もいれば、何に困っているのかがわからないという人もいます。すぐにサービスにつながらない人、社会とのかかわりを何年も断っている人など、さまざまな人への支援が必要となります。その人の気持ちに寄り添い、常に当事者の視点で考え、本人の希望や気持ちをじっくりと聴き取っていくためには、面接技術に長けた専門家である相談支援専門員は、後見人にとって大きな味方となります。

　(b)　**地域自立支援協議会**

　しかし、どんなに優秀な相談支援専門員でも、1人だけで地域の福祉を向上させることはできません。

　そのために、地域自立支援協議会（自立支援協議会）が設置されています。障がいのある人が住み慣れた地域で安心した生活を営むことができるよう、さらには生活の質の向上を図るため、どのような社会資源が必要なのかを地域全体で共有して解決するために機能するのが、自立支援協議会です。

　平成22年の障害者自立支援法改正においても、自立支援協議会の意見が障害福祉計画に反映されることとなり、その役割に対する期待は高ま

▶ 2　障がい者を支援するためのしくみ

っています。

　相談支援事業は障がいのある人個人を支える重要な役割を果たしますが、自立支援協議会は、障がいのあるすべての人が暮らしやすい地域を作り上げていくという役割を担っています。そのためには、社会資源の開発も必要とされます。障がい者福祉を考えるときに、相談支援事業と自立支援協議会が車の両輪といわれるゆえんでしょう。

　自立支援協議会の構成員は、学識経験者をはじめ、障がい当事者、行政、学校、社会福祉協議会、企業、ハローワーク、相談支援事業所等と多岐にわたります。障がいのある人の後見人は、自立支援協議会の動きに注目し、必要な場合には、当事者の視点で要請をしていくことも重要です。自立支援協議会に障がいのある当事者が参加することは当然に必要なことであり、参加した被後見人が自分の思いを述べやすいように後見人が支援することも大きな意味があります。

(2(5)(A)　社会福祉士　船井　幸子)

(B)　**本人の会、親の会、家族会（障がい当事者の会）**

　障がい者の分野では、知的障がい、精神障がい、ダウン症候群、自閉症など、障がいの種別ごと、地域ごとにさまざまな親の会・家族会が組織されています。発達障がいのある人を中心に「本人の会」も増えてきています。また、地域ごとの会が集まって全国組織をつくっている会もあります。中には、複数の当事者会が新たな法人を立ち上げて、法人後見などといった権利擁護に関係する事業を開始した地域もあります。このような当事者の会は専門家の協力のもとに長年地域で活動し、地域の制度や社会資源に精通していることもありますから、後見人にとって意味のある組織といえます。

　被後見人や家族が入っている親の会・家族会があって、本人も会合に参加しているなどの場合には、引き続き参加して情報を得るとよいでし

▶第4章　成年後見にかかわるしくみ

ょう。しかし、本人が特別な活動をしておらず機関紙が送られてくるだけといったような場合には、年会費もかかりますので、検討のうえ、退会することも考えられます。

　本人や親の活動は専門家を巻き込んで運動に発展する場合もありますので、その活動には注目しておく必要があります。たとえば「後見類型になると公職選挙法に基づいて選挙権がなくなってしまう」ということについて、平成23年2月に訴訟が起こされました。この訴訟は、親の会や支援する弁護士等が一体になって活動を展開しています。「成年後見制度は利用したいが、選挙権がなくなってしまうとは知らなかった」という方はたくさんいるので注目されています。

　これまでも、本人や親の声が、制度を変えたり新しい制度を産んだりしてきました。必要な場合は連携・協力をしていくことが望ましいと思われます。

(2(5)(B)　社会福祉士　田中　真由美)

コラム　成年後見選挙権訴訟の動き

　わが国の制度では、後見開始の審判を受けると選挙権がなくなることとなっています。公職選挙法11条1項1号で、成年被後見人は選挙権を失う旨の規定があるため、わが国では毎年3万人前後の国民が選挙権を失っているのです。

　この制度はおかしい。福祉関係者の間でそう意識され始めて何年も経ちますが、このたび公職選挙法の規定は憲法違反であると主張して成年被後見人の選挙権確認を求める訴訟が提起されました。平成23年2月の東京地方裁判所への提訴を端緒として、埼玉、京都と続き、北海道でも提訴が予定されています。

　原告側の主張は、おおむね次のとおりです。

> 　憲法上、選挙権は国民に与えられた基本的な政治参加の権利であり、これを剥奪するには、よほど重大な理由がなければならないところ、成年被後見人から選挙権を奪うことは何ら合理的な理由がなく目的において正当性がないばかりか、政治参加の能力を個別審査するものではない後見審判手続を選挙権剥奪に転用することは手段においても正当性がない。なお、障害者権利条約などの動向とあわせて、主要諸外国においてもわが国のような制度はなくなりつつある。

　今のところ、国側の答弁（説明）は、①成年被後見人は意思能力がなく、したがって選挙権がない、②公務である選挙権を行使できる人の範囲を定めるのは、国の裁量である、③障害者権利条約は、選挙権を保障するものではない、といったものです。

　民法上、成年被後見人は制限的行為能力者であり、その行為は取り消しうる行為ではありますが（民法9条）、当然に無効なわけではありません。国の説明は、この取消しと無効を区別しないばかりか、「民法上の意思能力」と「政治的判断能力」を同視する点で、現行法とそぐわないものです。また、一律制度的に一個の集団（成年被後見人）の意思能力がないとする点において、行為の結果と必要な能力とは個別的に判断されることを基本とする意思能力に関する法的判断の枠組みを逸脱しているものといえます。さらに、国の説明は、意思能力のない状態の国民の投票は、成年後見制度を離れても無効だということを意味することになり、選挙制度の説明になっていません。

　そもそも、政治参加の権利を考える前提として「適切な政治的判断能力」の有無を措定し、その得喪を国が決めること自体が、人権規定上からするとおかしな立論だといわなければなりません。1人の人間を人間として扱うという基本に立ち返ってほしいと願うばかりです。

　今後、裁判所がどのような判断を示すのか、注目を集めていますが、裁判の推移を待たずに国側が早期に説明を改め、制度改革に着手されることを期待したいところです。

（法政大学教授　佐藤　彰一）

▶第4章 成年後見にかかわるしくみ

③ 成年後見にかかわるその他のしくみ

(1) 日常生活自立支援事業

(A) 概　要

　日常生活自立支援事業は、平成11年に地域福祉権利擁護事業という名称でスタートしました。背景には、日本で取り組まれてきた社会福祉基礎構造改革の中で、福祉サービスを利用するにあたって、従来の措置制度から、利用者と福祉サービス事業者が対等の関係で契約を結ぶというしくみに転換したこと（いわゆる「措置から契約へ」）という大きな流れがあります。

　従来行われてきた措置とは、行政が行う一種の行政処分のことで、行政の職権により利用者を社会福祉施設等に入所させるというものです。利用者には、サービスや施設を選択する自由はありませんでした。

　これが、本章①でも触れられているように、平成12年4月から介護保険制度がスタートして、介護サービスを利用する際には、利用者と事業者が契約をし、事業者はその契約に基づいてサービスの提供を行い、利用者は原則1割の費用負担をしてサービスを利用するというしくみになったのです。

　このような「措置から契約へ」、「利用者と福祉サービス事業者との対等な契約」という新しい制度・しくみのもとで、認知症高齢者や知的障がい者、精神障がい者といった、判断能力が不十分な人たちが、事業者や福祉サービスを選択し、相手と対等な立場で契約をするにあたっては、自己の権利を護っていくために、不十分なところを補完する制度が必要となります。

　そこで、判断能力の不十分な人を契約面で支援するために、介護保険制度の施行と同じ平成12年4月から、成年後見制度が開始されました。

そして、その半年前の平成11年10月から、厚生労働省が国庫補助事業として、利用者を支援するしくみとして福祉サービス利用援助事業を規定し（社会福祉法2条3項12号で第2種社会福祉事業と規定）、その中に地域福祉権利擁護事業が位置づけられたのです。

この福祉サービス利用援助事業について、具体的には、精神上の理由により日常生活を営むのに支障がある者に対して、無料または低額な料金で、福祉サービスの利用に関し、相談に応じ、助言を行い並びに福祉サービスの提供を受けるために必要な手続または福祉サービスの利用に要する便宜を供すること、その他の福祉サービスの適切な利用のための一連の援助を一体的に行う事業（社会福祉法2条3項12号）と規定されています。この事業の目的は、福祉サービスの利用援助等を行うことにより、判断能力が不十分な高齢者や障がい者が、できるだけ地域で自立した生活を続けられるようにサポートすることにあります。この事業は社会福祉協議会が主な実施主体となり、全国で実施されることになりました（平成19年度から「日常生活自立支援事業」に名称が変更されています）。

(B) 日常生活自立支援事業の実際・サービスの流れ

日常生活自立支援事業の利用に向けた流れは、次のとおりです。

まず、判断能力が不十分な本人や周囲の関係者（家族、親族、ケアマネジャー、民生委員、医療機関、隣人知人など）が、社会福祉協議会へ、福祉サービスの利用に関することや、日常的な金銭管理に関することなどについて相談します。たとえば、以下のような相談があります。

① 市役所から送られてくる書類の内容がわからない。
② 福祉サービスを利用したいけれど、どうすればよいのかわからない。
③ 入院するとき、大事なものを誰に預ければよいだろうか。

④ お金や通帳・印鑑をどこにしまったか忘れることが多い。

なお、「判断能力が不十分な者」とは、認知症と診断された高齢者、療育手帳や精神障害者保健福祉手帳を所持する者に限定されていません（必ずしも診断や手帳交付を受けていなくても、日常生活自立支援事業のサービスを利用することができます）。

相談があると、社会福祉協議会の職員（「専門員」と呼ばれます）が本人を訪問して、本人が日常生活自立支援事業のサービス内容を理解してサービスを利用することを希望しているか、契約をすることができるかなどといったことを聞き取ります。

サービスを利用するには利用料がかかります。ただし、生活保護を受給している人については、公費の補助を受けることができます。サービスの種類と内容は〔図表4－8〕のとおりです。

在宅で生活している人でも、施設や病院で療養生活を送っている人でも、これらのサービスを利用することができます。

〔図表4－8〕日常生活自立支援事業のサービス

サービスの種類	内容	利用料
福祉サービス利用援助 苦情解決制度の利用援助	・介護保険や自立支援などの情報提供や相談援助、手続の援助など ・福祉サービスに関する苦情を解決するための手続など	1回1時間あたり1000円、1時間を超える場合は30分ごとに500円
財産管理サービス （日常的金銭管理サービス）	・日常生活に必要な預貯金の出し入れや、税金・公共料金・各種サービス利用料・医療費等の支払い ・年金や福祉手当などの受領手続など ・福祉サービス利用援助に付随する金銭管理	1回1時間あたり1000円、1時間を超える場合は30分ごとに500円
財産保全サービス （書類等預かりサービス）	・年金証書や預金通帳、不動産の権利証書などの大切な証書や実印などを貸金庫で保管する ・必要なときには社会福祉協議会の職員が本人へ預り物を届ける	年間5000円～1万円

※利用料は地域によって異なります。

本人の判断能力に疑義がある場合には、契約締結審査会に諮り、契約できるかどうかが判断されます。契約できない場合には、成年後見制度の利用につなげる努力をします。契約できる場合には、社会福祉協議会と本人が契約をします。契約書を取り交わして、具体的なサービス計画書を作成します（社会福祉協議会の職員が本人に面会に来る頻度や、面会時に支援する主な内容などを決めます）。預り物がある場合には、預り証を交付します。

　契約を締結したら、契約内容に基づき、社会福祉協議会の職員（「生活支援員」と呼ばれます）が定期的に本人のもとへ訪れるなどの支援サービスが開始され、定期訪問による見守りや生活変化の察知が継続して行われます。支援の内容を取り決めたサービス計画書は、定期的に見直しがされます。

　本人の判断能力がかなり低下してきて、日常生活自立支援事業の内容を理解できなくなったような場合には、サービスをこのまま継続してよいかどうかを運営適正化委員会に諮り、継続不可能とされた場合には、成年後見制度につなげる努力をします。

　このように、日常生活自立支援事業を利用することで、本人の状況に応じて成年後見制度へのつなぎが円滑にできるメリットがあります。また、親族などからの経済的虐待や、悪質商法などの消費者被害の防止という効果も期待できます。

(C) 日常生活自立支援事業と成年後見制度の関係

　日常生活自立支援事業は、成年後見制度とは異なり、本人と社会福祉協議会等が利用契約を締結して行われるものです。ですから、日常生活自立支援事業の対象者は、判断能力が不十分であるものの、日常生活自立支援事業の契約内容に関しては判断できる能力をもっていることが必要となります。成年後見制度で後見に相当するような方については、契

約するだけの能力があるとはいえないでしょう。補助に相当するような方の場合で、ある程度判断能力があるのであれば、契約できることもあると思われます。また、上に述べたように、事業の途中で判断能力が低下し、本人の意思が確認できなくなったような場合には、成年後見制度

〔図表4－9〕成年後見制度と日常生活自立支援事業の比較

	日常生活自立支援事業	成年後見制度
所管庁	厚生労働省	法務省
対象者 (認知症高齢者 知的障がい者 精神障がい者等)	判断能力が不十分で日常生活を営むのに支障がある者（判断能力は不十分だが、日常生活自立支援事業の契約に関しては理解し得る能力を有していることが必要）	精神上の障がいにより事理弁識能力を欠くか、不十分な者 ・能力が不十分な者＝補助 ・能力が著しく不十分な者＝保佐 ・能力を欠く常況にある者＝後見
担い手・機関	社会福祉協議会	親族、弁護士、司法書士、社会福祉士、市民など。法人や複数も可能。
手続	社会福祉協議会に相談・申込み（本人と社会福祉協議会との契約）	家庭裁判所に申立て
能力の判定	・「契約締結判定ガイドライン」による確認 ・契約締結審査会による審査	医師の診断書・鑑定書などをもとにした家庭裁判所の判断
援助(保護)の決定方法	本人と社会福祉協議会による援助内容の決定・契約	家庭裁判所による後見・保佐・補助の開始の決定
援助(保護)の種類	・福祉サービスの利用援助 ・日常的金銭管理 ・書類等の預り	財産管理や身上監護に関する法律行為についての同意権（取消権）・代理権（類型により変わる）
費用負担	・契約締結までの費用は無料 ・契約後に利用するサービスに係る費用は利用者負担	本人負担
費用の減免や助成	生活保護受給者は公費の補助あり	成年後見制度利用支援事業により、申立費用や後見報酬への補助あり

(注) 厚生労働省老健局振興課「地域包括支援センターの手引き」405頁（2007年3月）より一部改変

につなげる必要があるでしょう。また、日常生活自立支援事業は、あくまでも地域における日常生活の自立支援を目的としています。ですから、施設入所契約を結ぶことが必要になった場合や不動産を売却する必要がある場合には、対応することができません。この場合には、成年後見制度を利用した支援を行っていくことになります（図表4－9）。

〈参考資料〉
『地域福祉権利擁護事業（日常生活自立支援事業）とは…』（東京都社会福祉協議会、2010年）

---

(2) 成年後見制度利用支援事業

(A) 事業の趣旨

　成年後見制度利用支援事業は、介護保険サービス、障がい者福祉サービスの利用等の観点から、認知症高齢者・知的障がい者・精神障がい者にとって成年後見制度の利用が有効と認められるにもかかわらず、制度に対する理解が不十分であることや費用負担が困難なことなどから利用が進まないといった事態に陥らないために、市町村が行う成年後見制度の利用を支援する事業に対して国（厚生労働省）が補助を行うものです。

　事業の内容としては、①成年後見制度利用促進のための広報・普及活動、②成年後見制度の利用に関する費用（申立費用、後見報酬）への助成です。

　高齢者に関しては、平成13年度に介護予防・地域支えあい事業のメニューの1つとして創設され、その後、平成18年度からは介護保険制度の地域支援事業の任意事業の1つとして位置づけられました。平成20年度には、それまで成年後見制度利用支援事業利用の条件とされていた「市町村長申立ての事案であること」が緩和され、本人申立て・親族申立ての事案についても対象となりうるとされました（厚生労働省老健局「成

年後見制度利用支援事業に関する照会について」（平成20年10月24日事務連絡））。

　知的障がい・精神障がいのある人に関しては、支援費制度の導入をきっかけとして、平成14年度から成年後見制度利用支援事業の対象となり、平成18年度からは、障害者自立支援法の地域生活支援事業の中で任意事業として位置づけられました。平成20年度には、高齢者の事案と同様に、市町村長申立ての要件が緩和されています（厚生労働省社会・援護局「成年後見制度利用支援事業の対象者の拡大等について」（平成20年3月28日））。さらに、平成22年の障害者自立支援法の改正により、平成24年4月からは障害者自立支援法上の地域生活支援事業の中で必須事業となることが決まっています（実施主体は市町村）。

(B)　補助の対象となる事業等の一例

　成年後見制度利用支援事業の内容は、以下のとおりです。
① 　成年後見制度を利用する際の経費に関する助成
　ⓐ 　成年後見制度の申立てに関する費用（登記手数料・鑑定費用等）に対する助成
　ⓑ 　後見人（成年後見人・保佐人・補助人）の報酬に対する助成
② 　成年後見制度の利用促進のための広報・普及活動
　ⓐ 　パンフレットの作成・配布
　ⓑ 　説明会・相談会の開催等

　後見報酬の助成金額については、在宅生活者の場合2万8000円、施設入所者の場合1万8000円を上限としている市町村が多いようです。

(C)　利用の手続

　高齢者の場合は、介護保険制度の地域支援事業（権利擁護事業）の窓口につなぎます。具体的には、各市区町村にある地域包括支援センターによる、①成年後見制度に関する情報提供、②成年後見に取り組む団体

▶ 4　本人を支援するためのその他のしくみ

等の紹介を行う事業です。特に②の関係団体として、弁護士会や社会福祉士会、司法書士会、社会福祉協議会、市区町村などがあげられます。

　障がい者の場合は、障害者自立支援法の相談支援事業者等の窓口につなぎます（地域生活支援事業）。

　成年後見の必要性が高いものの、自ら成年後見制度の利用が困難な者については、二親等以内の親族がいない場合等は市区町村長による申立て、また、市区町村長による申立てはもちろんのこと、親族による申立ての場合でも、低所得者に関しては、成年後見制度利用支援事業（申立費用や後見人への報酬の補助等）を利用することが可能ですから、所得が少ないからといって利用をあきらめず、自治体に問い合わせるとよいでしょう。自治体によっては制度が未整備のところもありますが、そのような場合には整備に向けて働きかけていく必要もあります。

───〈参考資料〉──────────────────────
実践成年後見28号「特集　成年後見制度利用支援事業」（2009年）
──────────────────────────────

（3　社会福祉士　久保木　一茂）

4　本人を支援するためのその他のしくみ

(1)　生活保護

(A)　成年後見と生活保護

　後見人は、本人が生活していくためにはどのようなことが必要か、被後見人とともに、本人の立場に立って考えていかなければなりません。後見人が一定の行為をする、またはしない（たとえば、介護サービスを利用する、または利用しない）と判断することは、一歩間違えると、本人の権利を侵害することにもなりかねません。本人の権利を護るつもりが、実は権利を侵害してしまった、ということにならないよう、後見人は、

▶第4章　成年後見にかかわるしくみ

　成年後見制度だけではなく、介護保険制度、高齢者虐待防止法、障害者自立支援法など、関連するさまざまな法律・制度を知っておく必要があります。

　生活保護もその1つです。

　被後見人が生活に困窮する状況であれば、後見人として、生活保護というしくみを利用することが求められます。

　生活保護法81条では、「後見人選任の請求」という見出しがつけられたうえで、次のように定められています。

> 　被保護者が未成年者又は成年被後見人である場合において、親権者及び後見人の職務を行う者がないときは、保護の実施機関は、すみやかに、後見人の選任を家庭裁判所に請求しなければならない。

　ここでいう「保護の実施機関」とは行政を指します。つまり、生活保護を受けている被後見人について、後見人が不在になったときは、後任の後見人が選任されるように、行政が家庭裁判所に申立てをしなければならいと決められているのです。

　また、成年後見制度利用支援事業による申立費用・報酬への助成は、「生活保護を受けている者及びこれに準ずる者」と低所得者層を対象とした公費による助成制度です。

　このように、生活保護を受けている方が成年後見制度を利用することは、さまざまな場面で必要であると認められていることがわかります。

⑻　生活保護の概要

　それでは、生活保護法とはどのような法律なのでしょうか。

　生活保護法1条には、目的として「この法律は、日本国憲法第25条に規定する理念に基き、国が生活に困窮するすべての国民に対し、その困窮の程度に応じ、必要な保護を行い、その最低限度の生活を保障すると

ともに、その自立を助長することを目的とする」と定められています。日本国憲法25条では、生存権の保障が定められています。生活保護法は、この日本国憲法25条の趣旨、すなわち、すべての国民が健康で文化的な最低限度の生活を営む権利を実現するために定められた法律なのです。

生活保護法2条では、「すべて国民は、この法律の定める要件を満たす限り、この法律による保護……を、無差別平等に受けることができる」と定められています（無差別平等の原理）。つまり、生活保護制度の対象者は、すべての国民であるとされているのです。

また、生活保護法3条では、「この法律により保障される最低限度の生活は、健康で文化的な生活水準を維持することができるものでなければならない」として「最低生活保障の原理」が定められています。

同法4条では、1項で、「保護は、生活に困窮する者が、その利用し得る資産、能力その他あらゆるものを、その最低限度の生活の維持のために活用することを要件として行われる」として「補足性の原理」が定められています。これは、たとえば生活保護を受給する世帯の中で働ける人がいる場合には、働くことによって収入を得る努力をまずしなければならないということや、資産として土地や家を所有していたり、貯蓄性の高い生命保険に入っていたりする場合には、まずそれらを処分するなどして生活費にあてる必要があるということです。また、同条2項では、民法や他の法律によって定められている扶養義務者がいる場合には、扶養義務者による扶養が「この法律による保護に優先して行われる」とされており、たとえば、扶養義務者である親や子ども、兄弟姉妹などに生活費を援助することのできる人がいれば、生活保護よりもそれを優先する必要があります。ただし、同条3項において、「前2項の規定は、急迫した事由がある場合に、必要な保護を行うことを妨げるものではない」とされており、緊急性が高く、すぐにでも保護を行う必要がある場

合には、自分の資産を活用したり、親や兄弟姉妹などに援助してもらうことよりも先に保護が開始されることが示されています。

生活保護には、以下の4つの原則があります。

① 申請保護の原則（生活保護法7条）　生活保護を受給するためには、原則として、本人が申請します（申請保護）。ただし、本人が急迫した状況にある場合には、保護の実施機関（行政）が必要な保護をすることができます（職権保護）。判断能力が低下した人や、身の回りのことに興味がなくなり自分のことができなくなる状態（セルフネグレクト）にある人などは、生活保護が必要な状態になっても、自ら生活保護を申請することができません。そのような場合には、行政が自らの判断で保護を実施することになります。また、被後見人が生活保護を利用することが必要になった場合には、後見人は、本人の代理人として申請を行うことになります。

② 基準および程度の原則（生活保護法8条）　保護の基準は、厚生労働大臣が、最低生活の需要を満たすに十分なものであって、かつ、これを超えないものでなければなりません。また、保護の程度は、被保護者の資産調査を行って決定されます。保護の基準は、保護の種類（生活扶助、教育扶助、住宅扶助、医療扶助、介護扶助、出産扶助、生業扶助、葬祭扶助）のそれぞれについて定められています。その他、必要に応じた一時的な扶助もあります。

③ 必要即応の原則（生活保護法9条）　保護の内容（種類、程度、方法）は、年齢、性別、健康状態等といった要保護者の相違に応じ、有効かつ適切に行われなければなりません。この原則によって、各種の加算制度、特別基準の設定がされています。

④ 世帯単位の原則（生活保護法10条）　保護の要否・程度は世帯を単位として決定されます。ただし、世帯単位による取扱いが適当で

▶ 4　本人を支援するためのその他のしくみ

ないときは、同じ世帯であっても、個人を単位として判断することが可能です。

(C)　**利用手続**

生活保護の相談・申請窓口は、住んでいる地域を所管する福祉事務所です。

福祉事務所は、市部や区部では市や区が設置し、町村部では都道府県が設置しています。福祉事務所を設置していない地域では、町村役場でも申請手続を行うことができます。

申請から受給までの流れは〔図表4－10〕のとおりです。

福祉事務所では事前相談を行っており、生活保護制度の説明などを聞くことができます。その際、生活福祉資金貸付制度（所得の少ない世帯、障がい者や介護を要する高齢者のいる世帯に対して、その世帯の生活と経済的自立を図ることを目的に、無利子または低利子で資金の貸付けを行うもので、都道府県社会福祉協議会が実施しています）や、各種社会保障施策等の活用についても検討することになります。

生活保護を申請し、受理された後、以下のような調査が行われます。

①　生活状況等を把握するための実地調査（家庭訪問等）

〔図表4－10〕生活保護申請から受給までの流れ

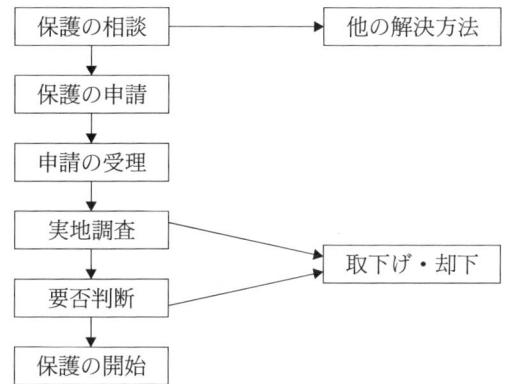

```
保護の相談 ──→ 他の解決方法
    ↓
保護の申請
    ↓
申請の受理
    ↓
実地調査 ──→ 取下げ・却下
    ↓
要否判断 ──→
    ↓
保護の開始
```

② 預貯金、保険、不動産等の資産調査
③ 扶養義務者による扶養（仕送り等の援助）の可否の調査
④ 年金等の社会保障給付、就労収入等の調査
⑤ 就労の可能性の調査

保護の要否判定を経て、必要であると判断された場合は、保護が開始されます。厚生労働大臣が定める基準に基づく最低生活費から収入（年金や就労収入等）を引いた額が、保護費として毎月支給されます。生活保護の受給中は、収入の状況を毎月申告しなければなりません。

福祉事務所にはケースワーカーと呼ばれる地区担当員がいて、保護を受給している世帯を担当します。生活の相談を受けたり、自立のための支援をしたり、年に数回の訪問調査を行います。就労の可能性のある人については、就労に向けた助言や指導を行います。

保護の決定に疑問や不満がある場合には、その処分があったことを知った翌日から60日以内に、書面で、都道府県知事に対して不服申立て（審査請求）をすることができます。場合によっては、処分の取消しを求める訴訟を裁判所に直接起こすこともできます。

――〈参考文献〉――
村田彰ほか編『わかりやすい成年後見・権利擁護』（民事法研究会、2009年）
日本弁護士連合会生活保護問題緊急対策委員会編『生活保護　法的支援ハンドブック』（民事法研究会、2010年）
各市町村福祉事務所「生活保護のしおり」

（4(1)　社会福祉士　青木　史歩）

(2) 消費者被害への対応

(A) 悪質商法被害の実情

現代社会においては、消費者のニーズに対応するさまざまな商品やサービスが提供される一方、消費者と事業者との間で情報量や交渉力の格

差が広がり、消費者取引に関するトラブルに発展し、消費者側の不利・不都合な解決を迫られる場合があります。また、悪質な事業者が、詐欺的な勧誘により金銭を集め、そのまま倒産したりして、消費者が大きな損害を被るようなこともあります。消費者の弱みにつけ込んで事業者が不当な利益を得るという商法により、消費者が損害を被ることを、「消費者被害」といいます。

　消費者被害事件で最も有名なのは、豊田商事事件でしょう。豊田商事は、昭和55年頃から、金の地金を販売すると言って、独居の高齢者を中心に、電話で無差別勧誘を行い、自宅を訪問して、仏壇に線香をあげたり、身辺の世話をするなどして高齢者の心情につけ込み、金を購入させる契約を結びました。購入した金の現物は、豊田商事が「金をもとに資産運用し、年に１割の配当金を付けて返還する」などと言って預かり、代わりに「純金ファミリー契約」という紙を渡していたのですが、豊田商事は、実際には金を保有していませんでした（そのため、「現物まがい商法」「ペーパー商法」などと言われます）。こうして集めた被害金額は2000億円ともいわれ、ほとんどが、従業員の給与、会社の運営資金、事業の失敗などで費消されました。豊田商事は昭和60年に破産宣告を受けましたが、被害者に還付されたのは、15％程度にしかすぎませんでした。この事件をきっかけに、訪問販売法（現在の特定商取引法）をはじめとする消費者被害を救済するための法整備などが進みました。

　近年は、やや判断力に欠ける高齢者や障がい者を狙った詐欺まがいの商法や、振り込め詐欺のような劇場型商法、インターネットを悪用した商法が多くなっています。

　たとえば、問題となる商法としては、点検商法、次々販売（過量販売）、催眠商法（SF商法）、内職商法（資格商法）、開運商法（霊感商法）、利殖商法（投資勧誘）、福祉商法、デート商法、マルチ商法（ネットワー

ク商法）などがあります。最近では、振り込め詐欺、フィッシング、架空請求など新手の詐欺事件も生まれ、認知症で十分な判断能力のない一人暮らしの高齢者が老後の生活資金を根こそぎ奪われる例などが報じられています。

　高齢者は、社会動向について十分な情報を得ることが必ずしも得意でなくなり、悪質商法の存在や手口を知らずに被害に遭うことがあります。健康不安や加齢に伴う体力・気力・判断力の低下によって、勧誘の途中でおかしいと気づいても、執拗な業者の勧誘を断ることができなくなり、被害に遭うといった事例もあります。また、特に独居の高齢者などに対しては、その寂しさにつけ込むように、事業者の販売員が肩をもんだりして親切なふりをして契約をさせるようなこともあり、このような場合には、高齢者自身が被害に遭ったという自覚がないこともあります。

　高齢者は老後のための資産を有している方も多く、上記のようなつけ込まれやすい特性があることから、悪質業者に狙われやすい存在です。そして、一度被害に遭うと、「カモリスト」などともいわれる個人情報が出回り、次々販売などにつながって被害額が著しく高くなることもあります。こういった詐欺的商法を行う悪質業者には、短期間の活動をした後、計画的に解散してしまう業者も多く、被害回復が難しい事案も多くなっています。

(B)　消費者被害に対応するための行政——消費者庁、消費生活センター

　このような消費者被害を未然に防止したり、迅速に紛争問題を解決するため、平成21年9月に消費者庁が発足しています。消費者庁は、情報を一元的に集約し、調査・分析を行うほか、関係省庁に対して適切な措置をとるように勧告する、事業者に対する勧告や命令をする、消費者保護のための立案や全国の自治体が設置している消費生活センターのバッ

クアップを図るなど、「消費者行政全般についての司令塔」となっています。

その守備範囲の法律としては、消費者基本法、消費者契約法、製造物責任法、特定商取引法、割賦販売法、景品表示法（不当景品類及び不当表示防止法）、JAS法（農林物資の規格化及び品質表示の適正化に関する法律）、宅地建物取引業法、食品衛生法、食品安全基本法、出資法（出資の受入れ、預り金及び金利等の取締りに関する法律）、貸金業法、個人情報の保護に関する法律、消費生活用製品安全法、家庭用品品質表示法などがあります。

また、実際に起こった消費者被害を解決するためには、市町村に設置されている消費生活センターに相談するとよいでしょう。消費生活センターは、商品やサービスに関して、取引方法・契約・品質・性能・安全性・その他消費生活に関することについて、疑問や不審を感じたり、情報を得たいときに相談すると、一緒に解決にあたってくれます。

(C) 被害回復のために利用できる法律

消費者被害を解決法するためには、民法を基本にした「3階建て」の法制度を利用することができます。

「1階部分」は、すべての契約に適用される民法です。民法の中で消費者被害への対応に利用できるのは、詐欺または強迫による取消し（96条）、錯誤による無効（95条）、公序良俗違反による無効（90条）、不法行為による損害賠償請求（709条）などがあります。

「2階部分」は、すべての消費者契約に適用される消費者契約法です。具体的には、不実告知、不退去などによる取消し（4条）、消費者の利益を一方的に害する条項の無効等（8条～10条）です。

「3階部分」は、一定の消費者契約に適用される特別法です。たとえば、特定商取引法、貸金業法、割賦販売法などがあります。特に特定商

▶第4章　成年後見にかかわるしくみ

取引法は、クーリング・オフによる契約解除、不実告知による取消し、過量販売による契約解除などが規定されており、消費者被害の解決には極めて有用なものです。

　民法、消費者契約法、特別法の順に適用される契約の範囲は狭くなりますが、その順に、取消し・無効などを主張できる要件などが、消費者側からすると使いやすくなっています。後見人は、消費者契約法と特定商取引法については確認しておくべきでしょう。

　ただし、これらの法律を駆使して悪質業者から損害を取り戻すためには、極めて専門的な知識が必要になります。市民後見人としては、被後見人が消費者被害に遭ったことに気づいた場合には、まず社会福祉協議会、消費生活センター、日本司法支援センター（法テラス）などに相談するべきです。

　(D)　成年後見制度の活用による予防

　すでに成年後見人が選任されている場合の消費者被害については、成年後見人が、本人の財産管理・身上監護に関する事務を行うため、預貯金通帳や重要書類を預かっていることが多いと思われますから、そもそも高額の被害に遭いにくいといえます。仮に被害にあったとしても、成年後見人としての取消権（民法9条）を行使して被害回復を行うことができます。

　保佐人・補助人については、その同意権・代理権の範囲に応じて対応できる事柄が変わってきますので、消費者被害の予防を念頭においた同意権・代理権の付与を受けておくことが必要です。

　また、日頃から近隣の住民、自治会などと連携して本人を見守り、被害を未然に防止し、被害にあった場合に早期に発見・対処できる体制をつくっておくことも、後見人の大切な仕事です。

(4(2)　社会福祉士　三宅　嘉之)

事項索引

《英字》
AD／HD　176
LD　176

《あ行》
悪質商法被害　230
アスペルガー症候群　176
アドヴォカシー　154
一身専属的行為　155
医療同意　74、155
医療保護入院　204
インクルージョン　130、170
応能負担　202
横領　131
大阪市後見的支援研究会　45
　―報告書　46
大阪市社会福祉協議会　43
大阪市成年後見支援センター　42、43
小樽・北しりべし成年後見センター
　112
小樽における市民後見人　112
親なき後　173

《か行》
介護支援専門員　190
介護と連動する市民後見研究会　8
介護保険　182
介護保険審査会　184
顔の見える後見　3、23
学習（能力）障がい　176
活動支援　24
カリキュラム　47、64、100
監督（体制）　29、72、86、158
監督義務者　205
管理の計算　168
基幹相談支援センター　201、214
北九州市社会福祉協議会　104
北九州成年後見センター「みると」
　105

行政の役割の明確化　24
居住用不動産処分の許可の申立て
　151
居宅介護支援事業所　190
居宅サービス計画　190
緊急時の対応　73
禁治産制度　126
愚行権　172
区長申立て　77
ケアプラン　190
ケアマネジャー　190
継続研修　24
ケースワーカー　230
欠格事由　33
現有能力の活用　128
権利擁護　132
権利擁護・市民後見センター「らいと」
　103
高額医療・高額介護合算制度　187
高額介護サービス費　187
後見監督　158
後見監督人　158
後見支援員　19、30、65
後見支援機能　37
後見支援組織　2、29、30、36
後見実施機能　37
後見事務報告書　156
後見庁　39
後見人の責任　130
後見の社会化　6
後見爆発　13
高次脳機能障がい　178
公職選挙法11条1項1号　216
公的後見　6、22
広汎性発達障がい　176
候補者（の）調整　56
高齢者虐待　192
高齢者虐待防止法　191
個別給付事業　200

235

▶事項索引

困難化　88
困難化リスク　34

《さ行》
財産管理　149
財産調査　138
財産の引渡し　168
財産目録　137、156
最低生活保障の原理　227
サポートちた　94
残存能力の活用　128
支援（体制）　29、58、70、84
支援員　105
自己決定の尊重　127
死後事務　74
市町村長申立て　4
実務研修　26
品川区社会福祉協議会　76
品川市民後見人の会　80、91
品川成年後見センター　76
辞任　166
自閉症　176
死亡時の事務　167
死亡届　167
市民後見　11
市民後見元年　8
市民後見推進事業　9
市民後見制度　24
市民後見人　3、19
市民後見人バンク　52
社会貢献型後見人　80
社会貢献型後見人養成事業（東京都）　77
社会貢献型市民後見人養成事業（北九州市）　102
社会福祉基礎構造改革　126
社会福祉協議会　33
収支状況報告書　156
就任支援　24
終了登記　168
受任（の）手続　67

受任調整（会議）　44、54
準禁治産制度　126
障がい者虐待　210
障害者虐待防止センター　211
障害者虐待防止法　209
障害者権利擁護センター　211
障害者支援費制度　199
障害者自立支援法　198
障害者相談支援事業　213
障害者相談支援事業者　173
障害者相談支援事業所　213
障害者相談支援専門員　213
消費者庁　232
消費者被害　230
消費生活センター　232
自立支援協議会　214
身上監護　151、170
身上配慮義務　132、137
親族後見人　16
身体拘束　196
「身体拘束ゼロへの手引き」　196
生活支援員　99
生活福祉資金貸付制度　229
生活保護　225
清算事務　168
精神障がい　174
精神保健福祉法　175、203
成年後見サポーター研修講座　100
成年後見制度　126
　　―の転用問題　39
成年後見制度利用支援事業　223
成年後見人　137、149
「成年後見人等の報酬額のめやす」　18
成年後見の社会化　12
誓約書　67
世田谷区社会福祉協議会　61
世田谷区成年後見支援センター　61
世田谷区における市民後見人　116
選挙権　216
専門職後見人　13
葬儀主宰　169

▶ 事項索引

葬儀費用　169
相談支援事業　213
相談支援事業所（障害者）　213
相談支援専門員　201、213
即時抗告　137
措置から契約へ　126、198、218
措置制度　182、198
損害賠償責任保険　59

《た行》
第三者後見人　12
代理権　130、164
代理申立て　77
地域自立支援協議会　214
地域生活支援事業　200
地域福祉権利擁護事業　218
地域福祉サポートちた　94
地域包括支援センター　182、188
知多地域成年後見センター　93、96
知多地域における市民後見人　120
知的障がい　170
注意欠陥多動性障がい　176
中核組織　24
定率負担　202
同意権　130、164
登記事項証明書　138
東京市民後見サポートセンター　80
東京法務局　138
統合失調症　174
取消権　130

《な行》
二重の支援　30
日常生活自立支援事業　218
年間収支予定　137
ノーマライゼーション　127、129

《は行》
配偶者法定後見人制度　12
賠償責任保険　71
背任　131

発達障がい　176
発達障害者支援センター　207
発達障害者支援法　206
福祉事務所　229
不服申立て　184
プロボノ型専門職後見　22
報酬　16、55、75、88
報酬付与の審判の申立て　156
法人後見　99、104
法人後見型（市民後見）　19
保護者　175、204
保佐人　148、164
募集　46
補助人　148、164
補足性の原理　227
ボランティア活動保険　60

《ま行》
見守り　154
身元保証　74、155
みると　105
民法858条　127、132
無償型市民後見人　17

《や行》
有償型市民後見人　16
要介護　184
要支援　184
養成　24、100
養成研修　63、103
養成講座　46

《ら行》
らいと　103
利益相反　151
臨時保佐人　165
倫理　130
老人福祉法32条の2　8

237

▶編者・執筆者一覧

編者・執筆者一覧

《編者（50音順）》
池田惠利子（社会福祉士、一般社団法人あい権利擁護支援ネット代表）
小渕由紀夫（世田谷区社会福祉協議会）
上山　　泰（筑波大学法科大学院教授）
齋藤　修一（品川区社会福祉協議会品川成年後見センター）

《執筆者（50音順）》
青木　史歩（社会福祉士、一般社団法人あい権利擁護支援ネット）
今井　友乃（知多地域成年後見センター）
北九州市保健福祉局地域支援部高齢者支援課
北九州市社会福祉協議会権利擁護・市民後見センター
久保木一茂（社会福祉士、一般社団法人あい権利擁護支援ネット）
古賀　忠壹（NPO法人市民後見人の会）
小嶋　珠実（社会福祉士・臨床心理士、一般社団法人あい権利擁護支援ネット）
佐藤　彰一（法政大学教授）
関口由紀子（社会福祉士、小樽市社会福祉協議会小樽・北しりべし成年後見センター）
田中真由美（社会福祉士、一般社団法人あい権利擁護支援ネット）
藤原　一男（大阪市社会福祉協議会大阪成年後見支援センター）
堀江　　香（社会福祉士、一般社団法人あい権利擁護支援ネット）
前田　　稔（司法書士）
三宅　嘉之（社会福祉士、一般社団法人あい権利擁護支援ネット）
渡邉　成章（世田谷区区民後見人）

市民後見入門──市民後見人養成・支援の手引──

平成23年9月30日　第1刷発行

　　　　　　　　　　　　　　　　定価　本体2,000円（税別）

編　　者　池田惠利子・小渕由紀夫・上山泰・齋藤修一
発　　行　株式会社　民事法研究会
印　　刷　大日本印刷株式会社

発 行 所　株式会社　民事法研究会
　　　　　〒150-0013　東京都渋谷区恵比寿 3-7-16
　　　　　　　　　〔営業〕TEL 03(5798)7257　FAX 03(5798)7258
　　　　　　　　　〔編集〕TEL 03(5798)7277　FAX 03(5798)7278
　　　　　　　　　http://www.minjiho.com/　info@minjiho.com

落丁・乱丁はおとりかえします。　ISBN978-4-89628-719-6 C2036 ¥2000E
カバーデザイン　関野美香

◆最新の理論・実務の動向を踏まえて改訂！

専門職後見人と身上監護
〔第2版〕

上山　泰　著

A5判・338頁・定価　2,835円（税込、本体2,700円）

本書の特色と狙い

▶身上監護の成立過程・理念から、後見実務における身上監護の意義・役割を説き起こし、身上配慮義務や本人意思尊重義務などをもとに、ベスト・インタレストを実現するための身上監護実務のあり方の指針を示す！

▶市民後見人について新たな章を設け、その定義・位置づけから、養成・活用に向けた課題までを詳説したほか、成年被後見人の選挙権の剥奪や精神保健福祉法上の保護者をはじめとした成年後見の転用問題、能力制限の廃止・縮減等について加筆するなど、実務のあり方を踏まえて増補改訂！

▶問題となることの多い医療同意、身体拘束、死後の事務、居住用不動産の処分、事実行為等に加え、第2版では報酬や復任（業務再委託）についても詳しく解説し、実務の現場で問題に直面した際の考え方・注意点を明示！

▶社会福祉士、弁護士、司法書士、税理士等の専門職後見実務家はもちろん、成年後見実務に携わる行政関係者、裁判所関係者、市民後見人等必読！

本書の主要内容

序　章　専門職後見人による成年後見
第1章　成年後見の社会化
第2章　成年後見の基本理念
第3章　成年後見人の諸類型
第4章　身上監護の法的根拠
　　　　──民法858条の意義
第5章　身上監護に関連する職務範囲
　　　　事実行為としての介護義務／医療同意権／居所指定権／身体拘束／郵便物の管理　ほか
第6章　居住用不動産の処分
第7章　「社会化」が産んだ実務のアポリア
　　　　医療に関する行為／精神保健福祉法の保護者としての成年後見人／責任無能力者の監督義務者の責任／身元保証（身元引受け）／死後の事務　ほか
第8章　職務権限行使の際の留意点
第9章　専門職後見人の活用方法
第10章　市民後見人
第11章　「社会化」の現在と未来

発行　**民事法研究会**

〒150-0013　東京都渋谷区恵比寿3-7-16
（営業）TEL. 03-5798-7257　FAX. 03-5798-7258
http://www.minjiho.com/　info@minjiho.com

◆権利擁護・成年後見の実務に必須の六法最新版❢

社団法人　成年後見センター・リーガルサポート編

後見六法
〈2010年版〉

A 5 判・668頁・定価　3,990円（税込、本体3,800円）

本六法の特色と狙い

▶私法の分野、福祉法分野と多岐にわたる成年後見実務の現場で必須の法令、書式、資料等を収録❢　後見開始審判申立て等の手続に関する法令はもちろん、成年後見人等としての実務を行う場合や、専門家として相談に応じる際に参照すべき法令をもれなく収録した実務六法❢　消費者問題にも対応できるよう特定商取引法・消費者契約法も収録❢

▶2010年版では、介護保険法施行法、児童福祉法、特定商取引法などを改正最新法令に対応させるとともに、医学及び歯学の教育のための献体に関する法律、後見登記に関する先例（平成21年9月10日回答）などを新たに収録し、ますます実務に至便❢

▶成年後見関係主要裁判例を大幅に増補充実し、成年後見法・福祉法の研究に必須の六法❢

▶資料編では、実務に役立つ申立書式・登記記載例等のほか、成年後見制度利用助成制度や日常生活自立支援事業の概要等も収録❢　2010年版では新たに高齢者虐待防止法等の施行に伴う対応について（平成21年11月20日付け事務連絡）を収録❢

▶弁護士・司法書士・社会福祉士等の後見の専門家や志望者はもとより、市区町村の権利擁護担当者、裁判所・法務局関係者、医療・福祉関係者、児童相談所職員等の必携書❢

本六法の内容のポイント

■ 法令編 ■ ─────────────関係法令等を52件収録❢

❖法律だけでなく、関係する政令・省令、さらに実務で重要な、一般の六法には掲載されていない告示・通達・通知までを収録し、実務で必要な法令がすぐに検索できる。→ 裏面に収録法令を掲載

❖実務での使用頻度の高いと思われる法令から並べて掲載するなど、実務現場での使いやすさを第1に考えた内容・構成とした。

■ 資料編 ■ ─────────────実務で役立つ情報が満載❢

〈書式・記載例〉　「後見開始審判申立書」「鑑定書記載例」「登記事項証明申請書」「任意後見契約文例」等
〈成年後見関係主要裁判例〉　成年後見の実務や研究に参考となる審判・決定例
〈各種制度概要〉　成年後見制度利用支援事業や日常生活自立支援事業等の概要等
〈関係機関連絡先〉　家庭裁判所本庁、リーガルサポート、弁護士会、社会福祉士会等の連絡先等

発行　民事法研究会

〒150-0013　東京都渋谷区恵比寿3-7-16
（営業）TEL. 03-5798-7257　FAX. 03-5798-7258
http://www.minjiho.com/　info@minjiho.com

◆本人の支援者としての本当の姿がここにある！

エピソードで学ぶ成年後見人
――身上監護の実際と後見活動の視点――

社会福祉士　池田　惠利子　編
いけだ後見支援ネット

Ａ５判・180頁・定価　1,470円（税込、本体1400円）

本書の特色と狙い

▶いま後見人として本人支援を行っている方々のために、この制度誕生から深くかかわってきた著者が、後見人の本当の姿を問う注目の書！　特に、市民後見人には読んでほしい！

▶後見人が戸惑い、悩みつつ、決断していかなければならないさまざまな課題について、12のストーリーと41のエピソードでわかりやすく解説！　在宅支援の方法、施設入所の判断、身元引受人、予防接種・手術等の医療行為への同意、家族会とのかかわり、自宅の処分、死後の事務など、後見人が直面した問題にどう対応したかが具体的に例示されており、その対応例と解説を読み進めることで後見活動の正しい視点と倫理を身に付けることができる！

▶後見人としての基本姿勢をどのようにすれば貫くことができるのか、成年後見制度への正確な理解と具体的な実務の場面での対応方法を解説！　実務対応に役立つコラム付き。

本書の主要内容

第1章　後見人としての基本姿勢
第2章　後見人のしごと
ストーリー１　一人暮らしをしていた認知症高齢者のAさんがグループホームを利用するまで
ストーリー２　精神科病院に入院していたCさんが有料老人ホームに入所するまで
ストーリー３　一人暮らしをしている認知症高齢者Eさんの在宅生活を支援する～サービス利用を中心に～
ストーリー４　認知症高齢者Gさんが特別養護老人ホームで快適に暮らすために果たした成年後見人の役割
ストーリー５　障がい者施設で長年暮らすIさんの生活を支援する
ストーリー６　父母を亡くした知的障がい者のKさんを支える
ストーリー７　高齢者施設に入所したMさんの不要となった自宅を処分することになるまで
ストーリー８　Oさん夫婦のおのに第三者の成年被後見人・保佐人が選任されて
ストーリー９　Qさんの家族後見人から引き継ぐ
ストーリー10　夫の死後の事務を妻のSさんと成年後見人が行う
ストーリー11　Vさんの入退院の手続と、医療への同意
ストーリー12　病院で最期を迎え、死後も成年後見人によって支えられた身寄りのないXさん
第3章　後見活動の視点――基本姿勢を貫き実現するために――
あとがき――特に市民後見人の方々に期待して

発行　民事法研究会

〒150-0013　東京都渋谷区恵比寿3-7-16
（営業）TEL. 03-5798-7257　FAX. 03-5798-7258
http://www.minjiho.com/　　info@minjiho.com